Katharina Bareiter

Depression
Rückzug aus
dem Leben

Aufzeichnungen

Fischer Taschenbuch Verlag

Die Frau in der Gesellschaft
Lektorat: Ingeborg Mues

Originalausgabe
Veröffentlicht im Fischer Taschenbuch Verlag GmbH,
Frankfurt am Main, März 1992

Inhalt

Vorwort

Dies ist kein medizinisches oder psychologisches Fachbuch über Depression. Davon gibt es schon genügend – geschrieben von kompetenteren Leuten. Es ist ein authentischer Bericht über die Heilung von einer schweren Depression in der Psychiatrie, mit dem ich versuchen möchte, die weitgehend noch bestehenden Vorurteile gegen psychiatrische Behandlungen abzubauen.

»Ich lasse mich nicht mit Chemie vollpumpen«, mit diesem Satz wehrte ich mich vehement drei Monate lang gegen eine Einweisung in die Psychiatrie. Drei lange Monate, in denen ich ganz tief in die Depression eingetaucht war. Ich glaubte immer noch, es *allein* schaffen zu können. Es allein schaffen zu müssen.

Tabletten schluckte ich ohnehin schon genug, wie ich meinte. Seit fast zwei Jahren verschrieb mir ein Neurologe Antidepressiva. Seit fast zwei Jahren hatte ich darüber hinaus therapeutische Gespräche: erst mit einer Familienberaterin der Caritas (kostenlos, gegen »freiwillige« Spenden), dann in der Praxis eines Verhaltenstherapeuten (die – teuren – Kosten hierfür übernahm meine Krankenkasse, die AOK).

Das müßte reichen, dachte ich und meinte, ich hätte damit schon genug gegen meine Depression getan. Es reichte nicht.

Erst nach einem Desaster in einer Privatklinik für psychosomatische Erkrankungen, wo ich eine ungünstige (falsche) Medikamentendosierung bekam, und nach einem halbherzigen Selbstmordversuch war ich bereit, in die Psychiatrie zu gehen.

Einweisung als Notfall. Telefonisch verfügt von meinem Arzt, praktisch durchgeführt von meinem Mann. Nach zweieinhalb Wochen schien ich geheilt. Nach fünf Wochen wurde ich entlassen. Doch dann – ein Vierteljahr später – kam der

Rückfall, und ich mußte noch einmal ins Krankenhaus. Diesmal für viereinhalb Monate.

Dies ist *auch* ein Buch über die Doppelbelastung einer berufstätigen Mutter. Einer Journalistin mit zwei Kindern, die ständig bemüht war, beide Seiten – Familie und Beruf – nicht zu kurz kommen zu lassen. Und die sich dabei wohl überfordert hat.

Es ist auch ein Buch über eine Frau der »Sandwich«-Generation, die manchmal fürchtet, zwischen den Anforderungen ihrer Kinder und ihrer »Mütter« (Mutter und Schwiegermutter) selbst auf der Strecke zu bleiben, die sich den wachsenden Belastungen durch Alter und Krankheit der Großmütter in ihrer Familie nicht gewachsen fühlt.

Und es ist (eigentlich nicht zuletzt) ein Buch über eine zwanzigjährige Ehe. Eine Ehe, in der einer (der Mann) immer der Starke war. Und eine (die Frau) immer die Schwache. Daß ich künftig nicht mehr »die Schwache« bin, die, die nachgibt, die allen Ärger schluckt, nach innen gegen sich selbst richtet und dabei seelisch krank wird – dazu hat mir der Aufenthalt in der Psychiatrie verholfen.

Er hat mir gezeigt, daß eine Depression oft eine auf das eigene Ich umgeleitete Wut ist – Wut auf andere Personen oder auf andere Lebensumstände als die ersehnten. Er hat mich stark gemacht. Zum ersten Mal in meinem fünfundvierzigjährigen Leben. Stark genug für einen neuen Anfang, sogar für ein neues Studium. Dafür danke ich allen, die mir geholfen haben, als mir meine Situation so ausweglos schien.

Daß sie wie ich Hilfe finden, wünsche ich allen Menschen in ähnlicher Lage. Das sind nicht wenige. Circa acht Millionen Menschen in Deutschland sind von Depressionen betroffen, dieser qualvollen Seelenkrankheit, in der man nicht nur »zu Tode betrübt« ist, sondern die auch nicht selten zum Tode führt.

Deshalb ist dieses Buch in erster Linie ein MUTMACHER-

Buch. Es soll dazu ermutigen, Hilfe bei anderen zu suchen, wenn man selbst nicht mehr weiterweiß.

Ich wollte kein Bekenntnisbuch schreiben, weil ich mich und mein Schicksal für so wichtig halte. Aber ich halte meine Erfahrungen in der Psychiatrie für wichtig und mitteilenswert. Wenn dieser Bericht dazu dienen kann, Kinder davor zu bewahren, ihre Mutter betrunken zu erleben, und Ehepartner davor zu bewahren, daß ihre Frau vom nächsten Hochhaus springen will – dann hat er seinen Sinn erfüllt.

Katharina Bareiter

Mein Weg aus dem Tal

Ein Tagebuch über den Alltag in der Psychiatrie und die Therapien

> »Bei der Trauer ist die Welt arm und leer geworden;
> bei der Melancholie ist es das Ich selbst.«
>
> Sigmund Freud

Freitag, 30. Januar 1987

Nach einem tränenreichen Abschied, bei dem ich meinem Mann und meinen dreizehn- und vierzehnjährigen Kindern versprochen habe, »ganz gesund und wie früher« zurückzukommen, fährt mich meine Freundin Margarete in die Privatklinik in Oberbayern. Diese Klinik für psychosomatische Erkrankungen wurde mir von meinem Arzt als »spezialisiert auf Depressionen« empfohlen. Die Alternative dazu, eine Behandlung in der Psychiatrie am neuen Klinikum meiner Heimatstadt, lehne ich ab. Ich fürchte das Gerede in der Stadt.

Nachdem ich die letzten zwei Jahre nur unter »depressiven Verstimmungen« (so die Diagnose meines Neurologen) gelitten habe und zwei ambulante Gesprächs- und Verhaltenstherapien nichts halfen, bin ich seit einem Vierteljahr tief in die Depression gesunken.

Ich konnte nicht mehr journalistisch arbeiten, meinen Haushalt nur mit Mühe noch aufrechterhalten. Eigentlich lag ich fast den ganzen Tag auf dem Bett. Ging nicht mehr ans Telefon, las nichts mehr, interessierte mich für nichts mehr. Ohne einen Funken Energie, ohne einen Funken Lebensfreude, ohne Hoffnung, daß sich an diesem Zustand je wieder etwas ändern würde. Völlig zurückgezogen von meinem bisherigen aktiven Leben, meinen Freunden, meiner Familie. Ich konnte keine Fröhlichkeit mehr ertragen, kein Lachen. Ich hatte kein Selbstwertgefühl mehr, nur noch Schuldgefühle und Verachtung für mich. Verachtung, denn das einzige, was ich noch tun konnte, war trinken. Schon morgens, wenn ich aufstand, brauchte ich einen Schluck aus der Flasche. Um meine flattrigen Magennerven zu beruhigen, wie ich mir selbst einredete. Und dann gleich noch einen Schluck hinterher, um diese Schande schneller zu vergessen. Erst war es Melissengeist, dann Sherry, Bier oder Wein – was gerade im Haus zu finden war. Zuletzt sogar der pure Rum.

Die Kinder merkten nichts, meinte ich. Bis meine Tochter Julia einmal sagte: »Glaubst du, es ist schön, eine Mutter zu haben, die heimlich trinkt und den ganzen Tag im Bett rumliegt?« Da meldete ich mich in dieser Klinik an, erbat von meinem Arzt eine Überweisung.

Auf der Hinfahrt will ich ein paarmal umkehren, doch Margarete bleibt stur auf der Autobahn Richtung Süden. Im Foyer der Klinik – auf den ersten Blick eher Kurhotel – möchte ich schon zurück zum Auto. Das Wort »Kurtaxe«, von der freundlichen Empfangsdame ausgesprochen, läßt mich ausrasten. Wo bin ich denn? Ich habe kein Interesse an Kurtaxe, Kurkonzerten, Kurschatten – ich will hier geheilt werden! Und ich will einen Arzt sprechen. Das sei am Freitagnachmittag nicht mehr üblich, sagt die Dame nicht mehr ganz so freundlich. Ich solle mich am Wochenende erst mal in das Haus eingewöhnen und die wunderschöne Umgebung an diesem zauberhaften See erforschen. Deshalb terminiere man die Anreise auf den Freitag. (Oder um Geld zu schinden, vermute ich eher.)

Die wunderschöne Umgebung interessiert mich überhaupt nicht, das merke ich bei unserem Spaziergang am verschneiten Seeufer. Ich will nur eines: mit Margarete zurück nach Hause.

Erst am Abend, endlich, sehe ich den diensthabenden Arzt Dr. S. Er zerstreut meine Bedenken: Nach sechs bis acht Wochen seien die meisten Depressionspatienten hier geheilt. Mit Medikamenten, natürlich, und mit sehr viel Bewegung in der frischen Luft. »Mens sana in corpore sano.«

Ich schicke Margarete, die ursprünglich über das Wochenende dableiben (mich bewachen?) wollte, nach Hause. Mit dem Versprechen, durchzuhalten. Wenigstens eine Woche lang.

Nach dem Abendessen unterhalte ich mich mit einer Patientin auf dem Flur. Sie wird morgen – nach achtwöchigem Aufenthalt – entlassen, erzählt sie. Sie hat große Angst vor dem Heimkommen und meint, ihre Depression habe sich noch verschlechtert. Aber die Krankenkasse zahlt nicht länger. Eine tröstliche Auskunft.

Ich packe meine Koffer nicht aus.

Samstag / Sonntag, 31. Januar / 1. Februar 1987

Vor dem Frühstück bekomme ich meine Tagesration an Tabletten: vier weiße, zwei braune, eine rosarote. »Zur Beruhigung und zum Schlafen«, wie mir der nette Pfleger sagt. (Den Namen der Tabletten nennt er mir allerdings nicht.)

Dann ein erstes Gespräch mit der Stationsärztin, Frau Dr. W., eine junge Internistin, ein blonder Engel. Sie ermuntert mich, ihr Vertrauen zu schenken, Geduld zu haben, die Erfahrung und das Fachwissen der Spezialisten an dieser Klinik für psychosomatische Erkrankungen nicht anzuzweifeln. Sie hält die vier – von meiner Krankenkasse »vorläufig« genehmigten – Wochen für zuwenig: Mit acht Wochen Behandlungsdauer müsse ich schon rechnen.

Ich sorge mich um den Aufpreis von 560 Mark pro Woche für mein Einzelzimmer in der zweiten Klasse. (In einem Dreibettzimmer dritter Klasse war kein Platz frei – außerdem wollte ich in meinem Zustand kein Zimmer mit zwei anderen Patientinnen teilen.) Leider hat meine Zusatzversicherung eine Kostenübernahme für diesen Aufpreis abgelehnt, weil sie für psychotherapeutische Behandlungen nicht eintrete – eine kleingedruckte Klausel, die ich bislang natürlich übersehen hatte...

Frau Dr. W. meint, ein paar tausend Mark solle mir meine

Heilung schon wert sein. (Das hat auch mein Mann vor meiner Abreise immer gesagt, wenn ich wegen der Kosten Bedenken äußerte: »Hauptsache, du wirst dort wieder gesund.«) Mir geht das ganze Wochenende diese Rechnung nicht aus dem Kopf: 2240 Mark für vier Wochen, und das ohne Heilungsgarantie, weil die Frist zu kurz sei!

Den Samstag verbringe ich im Bett. Bis auf einen kurzen Weg zum Bahnhof. Ich studiere die Fahrpläne für die Züge nach Hause.

Am Sonntag nach dem Mittagessen frage ich in der gelangweilten Runde in der Halle, ob jemand mit spazierengehe. Eine Blondine, Frau A., wie ich Anfang Vierzig, sagt spontan zu. Sie holt ihren Pelz, und wir zwei wildfremden Frauen wandern eingehakt los, über die verschneite Uferpromenade im Sonnenlicht.

Ich erzähle ihr von meinen Depressionen, sie redet von ihren Eheproblemen, die sie auch in die Depression und in den Alkohol getrieben hätten. Wir sprechen ganz offen miteinander, als würden wir uns schon eine Ewigkeit kennen. Ich empfinde ihre Nähe als wohltuend, bin nicht mehr allein in meinem Leid. Gleichzeitig stört es mich, so rasch und so tief in die Probleme einer fremden Frau einzutauchen. Ihr Mann geht ständig fremd, sie hat versucht, sich die Pulsadern in der Badewanne aufzuschneiden, wurde von ihrer Tochter rechtzeitig gefunden.

Abends flüchte ich bald aus der Halle. Da liegen Zeitungen und Spiele herum, einige Leute sind in ein leises Gespräch vertieft. Ich fühle mich nicht dazugehörig. Fehl am Platz. Ausgeschlossen.

Nach der Blutentnahme (von deren Ergebnis ich nie etwas erfahre) stellt meine Stationsärztin bei der Visite einen Therapieplan für mich auf. (Daß meine Koffer immer noch unausgepackt im Zimmer stehen, ignoriert sie.) Sie empfiehlt mir die tägliche Frühgymnastik am Seeufer, autogenes Training, Atemtherapie, Dance alive, Kreislauftraining im Freien, Wirbelsäulengymnastik, Skilanglauf und Gestalttherapie, »Töpfern oder Seidenmalerei«.

»Ich möchte nicht nur Sport. Ich brauche eine Psychotherapie. Deshalb bin ich hergekommen«, sage ich. Sie verspricht, mir beim Hauspsychologen »baldmöglichst« einen Termin zu verschaffen. Ein- bis zweimal wöchentlich könne ich auf ein einstündiges Gespräch rechnen.

Sie empfiehlt mir noch die Gruppe der Alkoholgefährdeten. »Zu den anonymen Alkoholikern brauchen Sie wohl noch nicht.«

Niemand hat mich bisher durch das Haus und seine weitläufigen Nebengebäude geführt oder mich irgendwie in den Klinikbetrieb eingewiesen. Mit meinem »Stundenplan« unter dem Arm absolviere ich die zwei Sporttherapien an diesem Tag. Ich kann mir die Zeiten und Räume nicht merken. Wie ich überhaupt nur eine totale Leere in meinem Kopf habe. Mich abgeschaltet fühle, »ausgeknipst«.

Am Abend eine körperliche Untersuchung bei Frau Dr. W. In ihrem Stationszimmer beginne ich zu weinen.

Ich wolle nicht hierbleiben, sage ich. Ich sei hier zuviel mir selbst überlassen, davor hätte ich Angst. Man könne mir hier auch nicht helfen. Und joggen könne ich auch zu Hause mit meinen Kindern. Die Ärztin beruhigt mich, ganz lieb und sanft. Natürlich könne und wolle sie mir helfen, aber das dauere eben seine Zeit. Und immer wieder: Ich solle Geduld haben mit ihr und mir. Depressionen verschwänden nicht so schnell.

Dann die Fragen des offiziellen Aufnahmebogens: frühere Krankheiten, Eltern, eigene Familie, schulische und berufliche Ausbildung, bisherige Dauer der Depression. Ich berichte, daß ich erst über ein Jahr ein sehr leichtes Antidepressivum mit dem Wirkstoff Nortriptylin geschluckt hätte. Dann im letzten Vierteljahr das Antidepressivum Trazodon, die Höchstmenge von fünf Kapseln täglich. Und daß sich meine Depression trotzdem immer mehr verschlechtert habe. Bis hin zur völligen Apathie in den letzten Wochen.

»Das wird schon wieder. Nur Geduld«, verabschiedet mich Frau Dr. W. »Dann auf morgen bis zur Chefarztvisite.«

Dienstag, 3. Februar 1987

Mein fünfter Tag in der Klinik. Ich bin sehr oft aufgewacht in dieser Nacht, trotz Schlaftablette. Die Koffer habe ich immer noch nicht ausgepackt. Ich bin immer noch unschlüssig, ob ich bleibe.

Mit der Stationsärztin erscheint der Chefarzt, ein bärtiger Hüne, der mir Angst einflößt. Hinterher noch Dr. S., den ich schon kenne, und Pfleger Rolf.

Der Chefarzt fragt, wann ich denn gedächte, meine Koffer auszupacken. Ich erwähne meine Gespräche mit anderen Patienten, die zum Teil schon seit Wochen hier sind und immer noch keine Besserung verspürten.

Ich solle nicht soviel mit anderen Patienten reden, höre ich als Antwort, mich dafür auf mich selbst konzentrieren…

»Länger als vier Wochen kann ich keinesfalls hierbleiben, schon wegen meiner Familie nicht«, sage ich. »So ein Unsinn«, poltert der Chefarzt, »wenn Sie sich ein Bein brechen, müssen Sie auch für Wochen oder Monate in ein Krankenhaus. Denken Sie mal darüber nach. Wenn Sie sich allerdings ständig gegen uns sperren und wieder abreisen wollen, können wir Ihnen auch nicht helfen.« Zu den Kollegen spricht er von meiner »Ambivalenz«. Und dann sein Ultimatum: bleiben oder nicht, es sei bis morgen zu entscheiden, »aber dann endgültig«.

Ich liege wieder fast den ganzen Tag auf dem Bett. Nur zu meinen zwei Therapien gehe ich. Zuerst zur Atemtherapie, wo ich mich nicht auf die Erklärungen der Therapeutin konzentrieren kann. (Wie ich mich überhaupt auf nichts mehr konzentrieren kann, auf keine Zeitung, kein Fernsehen.) Und später noch Dance alive, eine Gruppe, die mir fast Spaß macht. Etwa zwanzig Leute im Gymnastikraum sollen Zahlen in getanzter Bewegung darstellen. Manche wirken sehr gehemmt bei diesen figuralen Körperübungen. Dance alive, so informiert uns die Leiterin, will »Erlebtes im Tanz einbringen«. Dann sollen wir einfach nach den Klängen der Tonbandmusik durch den Raum tanzen, jeder, wie es ihm gerade in den Sinn kommt. Ich entspanne mich sehr dabei.

Nach dieser viel zu kurzen Stunde verkrieche ich mich wieder in meinem Zimmer. Andere Patientinnen fahren mit dem Auto zum Kaffeetrinken oder zum Einkaufen in das Dorf. Gelächter und großes Hallo auf dem Parkplatz vor dem Haus.

Ich liege auf meinem Bett und denke, daß mein Zustand nie mehr besser wird. Ich bin innerlich ganz leer, ganz tot, habe nicht einmal Sehnsucht nach meiner Familie. Ich will auch nicht, daß sie mich anruft. Was soll ich sagen? Daß ich verzweifelt bin und nicht die geringste Hoffnung habe, daß man mir hier helfen kann? Daß ich nie wieder gesund werde, wie ich es doch versprochen habe?

Am späten Abend in meinem Zimmer überlege ich nur noch, wie ich mich umbringen könnte. Der einzige Ausweg. Den Sturz aus dem dritten Stockwerk auf die Eisplatten unten (ich bin in den letzten Nächten wiederholt auf das Balkongeländer der oberen Etage geklettert, voller Angst, die Nachtschwester könnte mich erwischen) verwerfe ich. Weil ich dann womöglich nur querschnittgelähmt bin und eine noch größere Last für meine Familie als jetzt.

Ich überlege, ob ich den Fön in meine Duschecke werfen könnte. Die Wassertiefe scheint mir zu gering, als ich mich zur Probe in das volle Duschbecken kauere.

Ich versuche ungeschickt, mir in der Duschwanne die Puls-

adern aufzuschneiden. Aber meine Nagelschere ritzt nicht
mal die Haut am Handgelenk.

Ich suche ein Kabel, um mich aufzuhängen, schraube mit
meiner Schere das Telefonkabel aus der Wandhalterung und
dann wieder hinein, weil ich weder im Zimmer noch auf dem
Balkon einen geeigneten Haken finde.

Ich schreibe einen Brief an meine Kinder, komme über die
ersten zwei Zeilen nicht hinaus. Meine Hand zittert. Ich kann
meine konfusen Gedanken nicht formulieren. Eigentlich
habe ich gar keine Gedanken mehr. Ich fühle auch nichts
mehr. Außer Verzweiflung.

Die halbe Nacht geistere ich wie wahnsinnig durch mein Zimmer. Werde ich verrückt? Auf dem Teppichboden schlafe ich
kurz ein. Beim Aufwachen beschließe ich, am nächsten Tag
abzureisen – aus Angst, daß tatsächlich noch etwas passiert
und ich völlig die Nerven verliere.

Mittwoch, 4. Februar 1987

Beim Morgenlauf entdecke ich im zugefrorenen See ein auf-
gehacktes Eisloch. Ich merke mir die Stelle: Da könnte ich
mich am Abend im Dunkeln ertränken. Und würde zugleich
erfrieren. Das wäre wenigstens sicher.

Ich habe keinen anderen Gedanken mehr. Zu Frau Dr. W.
sage ich bei der Visite: »Ich will heim, sonst bringe ich mich
noch um. Ich habe es gestern nacht schon versucht. Ich werde
hier noch verrückt, wenn ich es nicht schon bin. Sie halten
mich sowieso alle für verrückt.«

»Wir halten Sie nicht für verrückt. Sondern für krank. Und
Sie bringen sich nicht um.«

Eine halbe Stunde später erscheint sie wieder in meinem Zimmer. Zusammen mit dem Chefarzt. Ich habe Angst, wegen
der Koffer. Dr. F. wirkt sehr ungehalten. Er unterdrückt nur
mit Mühe seinen Ärger über diese Patientin, die da so viel
Zicken macht. Wahrscheinlich hat er Wichtigeres zu tun, als

abreisewillige Patientinnen vom Abreisen abzuhalten. Wieder spricht er von meinem imaginären Beinbruch, bei dem ich mich auch der langwierigen Behandlung durch einen Facharzt überlassen müßte.

Mir fällt auf, daß er mich noch nie gefragt hat, wie es mir gehe, wie ich mich fühle. Nur meine nette Stationsärztin tut das.

Und wieder der Rat, mich endlich auf die Ärzte und Therapeuten in dieser Klinik »einzulassen«. Sie hätten ihr Handwerk gelernt. Und ich sei nicht die erste Depressionspatientin hier.

Ich sage, ich fühlte mich hier wie Jack Nicholson in dem Film »Einer flog über das Kuckucksnest«.

Ich dürfe solche frei erfundenen Filmgeschichten doch wohl nicht mit seiner renommierten Klinik verwechseln, höre ich. Sonst hätte mich mein Arzt sicher nicht hierher überwiesen – »und das nicht ohne Grund«. Ich bin sauer über diese Bemerkung. (Auf meiner Einweisung stand »depressive Neurose«.)

»Also: bleiben Sie oder nicht?« Ich sage: »Ich bleibe.« Und packe meine Koffer aus.

Nachmittags melde ich mich überstürzt zum Langlauftraining an, obwohl ich überhaupt kein Skizeug dabei habe. Ich will raus aus meinem Zimmer. Die Ausrüstung bekomme ich geliehen.

Ein Traum von einem sonnigen Wintertag, einer verschneiten Berglandschaft. Das erste (und einzige) Mal sehe ich, in welch schöner Gegend ich hier bin. Kann etwa Skilaufen meine Depression heilen? Ich schöpfe einen Funken Hoffnung.

Donnerstag, 5. Februar 1987

Vormittags Frühgymnastik, Autogenes Training, Atemtherapie. Nachmittags Alkohol-Problemgruppe bei Dr. M., einem Strahlemann, Typ Robert Redford, der mir sehr sympathisch ist. Er läßt uns alle erst mal von unseren Trinkgewohnheiten erzählen, verteilt dann Informationsblätter über Alkoholsucht. Bin ich schon süchtig?

Anschließend bitte ich um ein Gespräch mit meiner Stationsärztin. Ich habe furchtbare Angst, Alkoholikerin zu werden. Als Frau Dr. W. abends endlich Zeit hat für mich, flehe ich sie unter Tränen an, mich zu entlassen, ich würde hier nur noch kränker.

Sie spricht viel von meiner »Ambivalenz«, die die Behandlung erschwere. Und von den »Folgen« bei meiner Krankenkasse bei einem vorzeitigen Abbruch entgegen dem Rat der Ärzte. Ich antworte: Ich kann nicht mehr, ich bin unglücklich hier, ich möchte heim zu meiner Familie.

Frau Dr. W. ruft den Psychologen an, der bisher immer noch keinen Termin für mich frei hatte – »wenigstens für ein kurzes Vorgespräch zum Kennenlernen«. Ich solle gleich zu ihm gehen und ihr anschließend dann Bericht erstatten, ob er mich umstimmen konnte.

Der junge Psychologe Dr. L. seufzt. Jeden Abend sitze er bis 21 Uhr hier bei Besprechungen, daheim warte seine Familie – und nun noch mein zwischengeschobener Termin. Natürlich gehe es mir schlecht, das sehe man auf Anhieb, aber ich müsse Geduld haben. Geduld, Geduld, Geduld. Eine Psychotherapie könne sich über Monate oder Jahre hinziehen, von einer Analyse ganz zu schweigen, der ich im Moment sicher überhaupt nicht gewachsen sei. Er gibt mir einen »richtigen« Termin für nächste Woche. Und einen zwanzigseitigen Fragebogen zu meiner Lebensgeschichte, den ich bis dahin ausfüllen soll.

In meinem Zimmer blättere ich ihn durch: Fragen nach meinem Familienstand, meiner Religionszugehörigkeit, meinen Hobbys, meiner Kindheit, meiner Sexualität, meiner beruflichen Situation. Ich will ihn gleich ausfüllen, komme aber über die ersten Fragen nicht hinaus. Ich bin zittrig, überfordert, aufgeregt. Wie soll ich mich selbst beschreiben? Welches sind »die Sachen, auf die ich stolz bin«? Was hätte ich gern von meinem Vater gehabt, aber nicht bekommen? Worin sehe ich den Nachteil beim Erwachsenwerden?

Ich rufe Frau Dr. W. an. Telefoniere fast eine halbe Stunde mit ihr. Sie gibt mir zwei Stunden Zeit zum Nachdenken, will dann – wenn ich mich für die Abreise entscheide – meinen Mann verständigen. Ich rufe meinen Mann an. Er ist enttäuscht, will mich nicht abholen. Ich soll »durchhalten« – oder mit dem Zug heimfahren. Ich bin verzweifelt. Rauche eine Zigarette nach der anderen, auf dem eiskalten Balkon kauernd, weil man im ganzen Haus nicht rauchen darf.

Um 21 Uhr ruft Frau Dr. W. an. »Was ist jetzt?« – »Ich möchte nach Hause.« – »Gut. Ich rufe Ihren Mann an. Morgen vormittag holt er Sie ab, mit dem Zug lasse ich Sie nicht fahren. Abgemacht.«

Nachts schlafe ich höchstens zwei Stunden. Ich gehe nicht mehr in die obere Etage. Ich liege da, starre an die Decke und denke: Nun ist alles verloren.

Freitag, 6. Februar 1987

In aller Frühe passe ich Frau Dr. W. vor der Klinik ab und bitte sie, meine Entlassung rückgängig zu machen. Ich will nun doch bleiben. Flehe sie an. Zu spät, sagt sie, der Chefarzt sei schon verständigt, er mache dieses Theater nicht mehr mit. Ich packe in zehn Minuten meine Koffer und meine Reisetasche.

560 Mark zahle ich an der Verwaltung für diese eine Woche an Wahlleistung für die zweite Klasse. Ich gebe viel zu viel Trinkgeld, auch im Schwesternzimmer. Ich bin plötzlich sehr erleichtert, daß mir nun jede Entscheidung abgenommen ist, das Haus, das mir immer nur wie ein Hotel vorgekommen ist und in dem ich mich beinahe umgebracht hätte, zu verlassen.

Kurz nach zehn Uhr fährt mein Mann in den Klinikpark. Ich stehe schon mit meinen Koffern bereit. Er wirkt trotz der liebevollen Umarmung enttäuscht. Er hat sich soviel von dieser Klinik versprochen. Auch die Kinder.

Auf der Autobahn möchte ich am liebsten wieder umkehren. Ich kann ihm nicht viel erzählen, bin wie zugeschnürt. Habe ich zu früh aufgegeben, das Handtuch geworfen?

Bussis, als die Kinder mittags aus der Schule kommen. Aber sie blicken mir nicht ins Gesicht, können ihre Enttäuschung nur schlecht verbergen.

Mit zitternden Händen rufe ich Frau Dr. W. an: Ob ich zurückkommen könne. Jetzt. Sofort. Das geht nicht. »Sie müßten einen neuen Aufnahmeantrag stellen und warten, bis ein Zimmer frei ist«, sagt sie. Ich trinke aus der Rumflasche, die wir in meinem »normalen« Leben nur für »Tee mit Rum« brauchten.

Samstag / Sonntag, 7. / 8. Februar 1987

Mein Mann nimmt meine Autoschlüssel in Verwahrung. Vorsichtshalber. Ich fahre mit dem Rad zum Einkaufen. Bin unsicher, verwirrt. Im Supermarkt wird mir schwindlig, ich bekomme einen Schweißausbruch. (Man hat mir in dieser Privatklinik keine Tabletten für das Wochenende mitgegeben. Mir nur geraten, zu Hause »bald« einen Arzt aufzusuchen. Ein geradezu »sträflicher Leichtsinn«, wie mir mein späterer Arzt Dr. D. sagen wird. Denn in meinem Zustand hätte ich dringend Medikamente bei der Entlassung gebraucht.)

Ich packe wahllos einige Lebensmittel in den Einkaufswagen. Gerate in Panik zwischen all den Kunden und rase überstürzt heim. Dort lege ich mich auf mein Bett. Den ganzen Samstag. Und den ganzen Sonntag.

Ich kann weder lesen noch Radio hören, noch fernsehen, noch irgend etwas kochen. ICH KANN NICHTS MEHR. Ich bin ein NICHTS, das auf dem Bett liegt, an die Decke starrt und auf ein Wunder wartet. Auf das Wunder, das mich von diesem NICHTS-SEIN erlöst. Auf das Wunder, das mir mein Leben zurückgibt. Ich bin abgetaucht in eine Isolation, in der mich nicht einmal mehr meine Familie erreicht. Obwohl alle mir rührend helfen wollen, sie können es nicht.

Meine Kinder fahren für eine Woche mit ihrer Klasse in ein
Skilager. Sie können ihre Vorfreude auf diese Skiferien nicht
verbergen. Und ihre Freude, diesem trostlosen Familienleben
zu entkommen.
Ich spüre ihr Ausgefülltsein in ihrem jungen Leben – und
meine Leere. Ich habe versagt. Als Ehefrau. Als Mutter.
Ich setze mich auf mein Rad und fahre zu einem nahen Hochhaus. Die Eingangstür ist verschlossen. Ich warte, bis jemand
herauskommt, nun kann ich hinein. Ich renne bis in den achten Stock hinauf und hinaus auf den Balkon, der das ganze
Haus umzieht. Ich sehe drunten die Autos, die Fußgänger,
ich traue mich nicht zu springen. Zurück in das Treppenhaus.
Etwa fünfzehnmal klettere ich über das Eisengeländer, halte
mich nur noch mit einer Hand fest, unter mir der tiefe Schacht
mit dem Betonboden. Hier wäre der Tod sicher, nicht nur
eine Querschnittlähmung. Immer wieder klettere ich über das
Geländer zurück, setze mich auf den kalten Steinboden im
Treppenhaus, überlege. Meine Visitenkarte habe ich in den
Anorak gesteckt, damit man mich, wenn ich zerschmettert
daliege, identifizieren kann. Beim nächsten Mal lasse ich die
Hand los, etwas anderes kann ich nicht denken. Eine Türkin
kommt mit ihrem Sohn aus einer Wohnungstür. Anscheinend
bin ich ihr in diesen zwei Stunden aufgefallen. Sie reden von
»Polizei« und warum ich hier herumturne. Ich laufe davon,
schnell die acht Treppen hinunter, habe furchtbare Angst, sie
könnten mich mit dem Aufzug verfolgen und schneller unten
sein.
Zu Hause lege ich mich auf mein Bett, wo mein Mann mich
mittags findet. Ich habe runterspringen wollen, drüben im
Hochhaus, sage ich. Er ist sehr blaß. Er fährt mich zu meiner
Freundin Margarete. Für den Nachmittag, wenn er in sein
Büro muß. Ich merke überhaupt nicht, daß wir gar nichts ge-
gessen haben.
Ich sitze bei Margarete, die einen Fuß gebrochen hat und
einen Gipsverband trägt. Den Kopf in ihrem Schoß, lasse ich

mich streicheln. Wir reden wenig. Später trinke ich in ihrer Vorratskammer heimlich aus einer offenen Weinflasche. Der Wein schmeckt seltsam sauer. Ich sage es ihr. »Der ist schon uralt, der gärt schon«, sagt sie. Sie ruft meinen Nervenarzt an, macht es dringlich, erklärt, daß ich aus der Privatklinik »abgehauen« sei. Sie bekommt von der Sprechstundenhilfe einen Termin für mich. Nächste Woche.

»Auf dem Heimweg«, sage ich zu ihr, »gehe ich noch mal am Hochhaus vorbei.«

»Das kannst du deinen Kindern nicht antun. Sie können nie mehr lachen. Sie werden es sich nie verzeihen, daß sie dich jetzt alleingelassen haben.« (Dieser Satz rettet mir vielleicht das Leben. Er prägt sich wie ein Brandmal in mein Gehirn ein: »Deine Kinder können nie mehr lachen.«)

Beim Abschied weint Margarete. Sie halte das nicht mehr aus, sie habe nur mehr Angst um mich, ich solle ins Krankenhaus gehen. Ihr zuliebe. Mir zuliebe.

Sie tut mir nicht leid. Mir geht es noch viel schlechter als ihr, denke ich. Aber ich mache einen Umweg um das Hochhaus.

Zu Hause trinke ich die Rumflasche leer. Am Abend versucht mein Mann, mit mir zu reden. Margarete hat ihn in seinem Büro angerufen. Er hat seinen Kollegentreff abgesagt. Er will, daß ich in die Psychiatrie gehe. Ich weine nur. Schreie: »Dann mache ich dich und die Kinder kaputt, wenn sich das rumspricht. So bin nur ich kaputt. Aber vielleicht soll ich das, vielleicht will ich das: auch dich und die Kinder kaputtmachen!«

Er geht nun doch noch weg, mit den Worten: »Mach, was du willst. Ich kann nicht mehr auf dich aufpassen. Meinetwegen säufst du dich zu Tode. Meinetwegen gehst du vor die Hunde. Auf dem besten Weg dazu bist du schon.«

Ich bin froh, als er endlich geht.

Erst um sechs Uhr kann ich einschlafen. Um sieben Uhr muß ich aufstehen.

Dienstag, 10. Februar 1987

Mein Mann redet nicht mit mir.

Zu Margarete darf ich heute nicht. Sie hat es mir verboten. Sie könne mich nicht mehr »aushalten«, hat sie gesagt. Ich verstehe sie. Ich kann mich selbst auch nicht mehr aushalten.

Ich liege den ganzen Tag unter meiner Wolldecke auf dem Bett. Ich denke: Nun wird die Krankenkasse nicht für meinen Aufenthalt in der Privatklinik aufkommen, weil ich vorzeitig abgereist bin. Wenn das Telefon klingelt, melde ich mich nicht. Ich habe Angst, es könnte jemand von der Krankenkasse sein. Ich rechne nach, was diese eine Woche uns wohl kosten würde. Ich kann nicht mehr rechnen. Ich kann nicht mehr denken. Ich kann gar nichts mehr.

Mittwoch, 11. Februar 1987

Ich kann mich nicht anziehen. Den ganzen Vormittag liege ich auf dem Bett und denke mir, jetzt muß ich dann einkaufen und kochen.

Ich kann nicht.

Im Nachthemd stehe ich auf der Diele, als mein Mann mittags heimkommt. Ich zittere fürchterlich. Er sagt: »Geh ins Krankenhaus, ich kann nicht mehr, ich habe Angst um mich, ich kann die Verantwortung für dich nicht mehr übernehmen.«

Ich sage ja und weine.

Er ruft meinen Arzt an, bekommt den Rat: »Sofort als Notfall in die Psychiatrie.«

Wahllos reiße ich ein paar Pullover und Hosen aus dem Schrank, stopfe sie zusätzlich in den Koffer, den ich noch gar nicht ausgepackt habe. Mein Mann hilft mir beim Anziehen.

In der Notaufnahme im Krankenhaus redet nur er, ich stehe unbeteiligt daneben, bin froh, daß mir nun alles abgenommen

ist. Eine Schwester führt uns über Flure und Treppen auf
meine Station, in mein Zimmer. Dort beginne ich wieder zu
weinen. »Da bleibe ich nicht. Nimm mich wieder mit. Bitte.
Da bleibe ich nicht.«
Die Stationsschwester bringt mir ein Essen, irgendeine Mehl-
speise, und eine Tablette – zur Beruhigung. (Später frage ich
danach. Es war ein Tranquilizer mit der Substanz Lorazepam,
in der Wirkung ähnlich wie Valium – »zur Angstdämpfung«.)
Nach der Tablette werde ich ganz fröhlich. Ich lasse mir von
einer Schwester die Stationsräume zeigen. Aufenthaltsraum,
Dusche, Bad. Rufe einige Bekannte an, erzähle freudig, daß
ich jetzt in der Psychiatrie sei. (Am nächsten Tag kann ich
mich an diese Telefonate nicht erinnern und nur sehr dunkel
an die Gespräche mit dem jungen Stationsarzt und dem Oberarzt.)

Donnerstag, 12. Februar 1987

Ich bin innerlich sehr unruhig, krieche ins Bett unter die
Wolldecke, gehe nach fünf Minuten wieder raus aus dem
Zimmer und dann wieder ins Zimmer zurück. Ich will nicht
bleiben, packe meinen Koffer nicht aus. Im Kopf immer noch
das Wort »Ambivalenz«.
Froh bin ich, daß ich ein Zimmer für mich allein habe.
Wenn ich eine Zigarette rauchen will (das einzige, was ich
noch kann aus meinem früheren Leben), muß ich den langen
Flur entlanggehen nach vorn zu den Rauchertischen. Ich
kann die Leute hier alle nicht leiden. Sie lachen mir zuviel und
haben den Kassettenrecorder auf volle Lautstärke eingestellt.
Ich kann mir auch ihre Namen nicht merken. »Ich bleibe
höchstens drei Tage hier«, sage ich zu ihnen (das erzählen sie
mir später, ich kann mich nicht daran erinnern).
Bei der Arztvisite am Morgen habe ich gebeten, mir möglichst
viele Therapien zu geben, möglichst viele Termine bei einem
Psychologen – »sonst gehe ich hier ein«. Oberarzt Dr. von P.

bietet mir Frühsport an, Musiktherapie, Schwimmen, Wassergymnastik, Beschäftigungstherapie, Töpfern und eine »Konfliktgruppe«, von einem Psychologen geleitet. Die Schwester schreibt mir alle Termine in einen Stundenplan ein.

Der Oberarzt erklärt mir, ich bekäme drei Beruhigungstabletten (das Neuroleptikum Thioridazin), vier starke Antidepressiva (mit der chemischen Substanz Doxefin), zwei kreislaufstabilisierende Tabletten wegen meines niedrigen Blutdrucks und eine Schlaftablette. Zehn Pillen pro Tag, gelb, rosa und braun, die nach den Mahlzeiten von den Schwestern ausgegeben werden. Mir ist alles recht. Ich wehre mich gegen gar nichts mehr.

Freitag, 13. Februar 1987

Wenn ich keine Therapiestunde habe, liege ich nur auf dem Bett und starre an die Zimmerdecke. Ich schalte das Radio im Zimmer nicht an. Lese keines der mitgebrachten Bücher.

Schwester Eva kommt ins Zimmer und sagt, ich solle aufstehen, mich zu den anderen Patienten nach vorn setzen. Ich will nicht. Die Leute regen mich auf. Sie sind mir unangenehm.

Stationsarzt Dr. D. – er ist Arzt und Psychotherapeut – erzählt mir bei der Visite, mein Blutbild zeige den Alkoholkonsum der letzten Monate deutlich an, die weißen Blutkörperchen seien aufgebläht. Ich will das genauer erklärt haben. Er sagt mir, die sogenannten MCV-Werte (für »Mittleres Corpuskularvolumen«) seien mit 92 normal – meine mit 101 überhöht. Das ist ein Schock für mich. Ich frage, ob ich schon eine Alkoholikerin sei. Er meint, auf dem besten Wege zum Alkoholismus sei ich schon gewesen. Und ich sei gerade noch rechtzeitig in die Klinik gekommen.

Ob ich nicht schon einen Entzug brauche, möchte ich wissen. »Das noch nicht. So weit waren Sie noch nicht.« Ob sich mein Blutbild jemals wieder normalisiere, oder ob es so bleibe, frage ich. Er antwortet, ich dürfe in der nächsten Zeit gar keinen Alkohol trinken (auf der Station ist er sowieso verboten, wie ein Schild anzeigt) und später eben nur in Maßen. Etwa ein, zwei Schoppen Wein am Abend, aber nicht regelmäßig. Und vor allem keine harten Sachen mehr.

Ich bin sehr verunsichert und sage zu ihm, so arg viel hätte ich gar nicht getrunken, ich hätte immer das Gefühl gehabt, mich kontrollieren zu können. Außer zweimal, da hätte ich einen regelrechten Rausch gehabt und sei nachmittags sofort ins Bett gegangen, ohne bei meiner Familie wieder aufzutauchen. Er meint, ich »unterschätze« – vor allem bei meinem geringen Körpergewicht – meinen Alkoholkonsum und dessen Auswirkungen.

Sehr ruhig und freundlich spricht er mit mir. Er ist etwa zehn Jahre jünger als ich. Meine Tochter würde für ihn schwärmen. Ich empfinde die Unterredung als sehr angenehm und habe nicht das Gefühl, daß er mich verachtet oder verurteilt.

Beim Abschied teilt er mir mit, daß meine Krankenkasse die Kostenübernahme für diese Einweisung zugesichert habe. Die Verwaltung habe das geregelt. (Ich hatte überhaupt nicht mehr daran gedacht und bin sehr erleichtert.)

Samstag/Sonntag, 14./15. Februar 1987

Ich darf für ein paar Stunden am Wochenende nach Hause, obwohl das eigentlich »nicht üblich« ist (normalerweise müssen die Patienten zumindest am ersten Wochenende auf der Station bleiben). Aber ich wohne ganz nahe bei diesem Klinikum.

Mein Mann holt mich am Samstagvormittag ab, begleitet mich zum Einkaufen (was er noch nie getan hat). Ich bin sehr unsicher im Supermarkt und dankbar für seine Anwesenheit und Mithilfe.

Die Kinder kommen vom Skilager zurück, überrascht, daß

ich schon wieder in einem Krankenhaus bin. Sie erzählen begeistert von ihren Skierfolgen. Ich höre gar nicht zu, nehme nichts auf, bin wie abwesend. Nicht nur niedergedrückt. Ich bin innerlich tot. Nicht mehr existent.

Nachmittags liege ich fast nur auf dem Bett. Mein Mann neben mir. Er hält meine Hand. Wir versuchen zu reden, aber das strengt mich furchtbar an. Was soll ich ihm auch sagen? Daß nur mein Körper daliegt und seine Hand hält? Daß meine Seele, mein Leben, mein Ich schon gestorben sind?

Abends fährt er mich zurück in die Klinik. Die Kinder, habe ich den Eindruck, beäugen mich unsicher, gehen mir fast aus dem Weg. Was sollen sie auch mit dieser Mutter noch anfangen? Einer Mutter, die keine mehr ist.

Ich fürchte, ich bin nur mehr eine Last für meine Familie, obwohl keiner so etwas sagt.

Mittwoch, 18. Februar 1987

Ich bin nun eine Woche auf dieser Station. Den Koffer habe ich immer noch nicht ausgepackt, was mir niemand vorwirft.

Besuche will ich überhaupt nicht. Ich schäme mich, daß ich in der Psychiatrie »gelandet« bin. Besonders gestern, als ich zur Schilddrüsenuntersuchung (Szintigramm) in eine radiologische Abteilung mußte. Da warteten Krebspatienten, ein Kind im Rollstuhl, eine alte Frau im Krankenbett. Beide hatten keine Haare mehr auf dem Kopf, die Arme nur mehr Haut und Knochen. Ich konnte ihren Anblick nicht ertragen. Ich dachte mir die ganze Zeit, sie sind wirklich krank, zum Sterben krank, und mir fehlt eigentlich nichts, ich bin »nur« an der Seele krank, sterbensunglücklich, aber nicht *krank*. (Das Szintigramm hat eine leichte Überfunktion meiner Schilddrüse ergeben, aber noch keine Behandlungsbedürftigkeit.)

Allmählich unterscheide ich bei den gemeinsamen Mahlzeiten an den langen Eßtischen die fünfundzwanzig Patienten auf meiner Station und teile sie ein in Unsympathische und Sympathische.

Sympathisch sind mir eigentlich nur drei: Erika Sch., Mutter und Hausfrau, Ende Dreißig, ziemlich füllig. Sie hat (im Gegensatz zu mir, die ich in den letzten Wochen 15 Pfund abgenommen habe, weil ich überhaupt keinen Appetit mehr hatte) in ihrer Depression stark zugenommen, von 50 auf 97 Kilo (!) stieg ihr Gewicht. Sie habe, sagt sie, nur mehr »gefressen«, den ganzen Tag. Dann ein Abiturient – aus dem Elternhaus ausgezogen, völlig ohne Zukunftsperspektive, unsicher, ob er studieren oder irgend etwas lernen solle. Und schließlich die achtzigjährige Witwe eines Dekans, bei der sich die Depression in »Koordinationsschwierigkeiten« geäußert hat, wie sie sich ausdrückt. Sie habe die falschen Strümpfe zum falschen Kleid angezogen, sei planlos in ihrer Wohnung in einem Altenheim herumgegangen und habe sich nicht einmal mehr auf ihr geliebtes Orgelspiel konzentrieren können.

Die übrigen Patienten sind mir gleichgültig bis unangenehm. In der Mehrzahl Frauen jeden Alters und jeder sozialen Herkunft, von der Haushaltshilfe bis zur Röntgenassistentin. Und sechs Männer, zwischen zwanzig und fünfundsiebzig Jahren.

Geredet wird wenig miteinander. Vor allem die älteren Patienten sitzen in der therapiefreien Zeit vorwiegend schweigend im Aufenthaltsraum herum. Die Frauen stricken. Mal sagt eine: »Wann kommt denn das Essen?« Mal eine andere: »Das ist wieder ein langer Tag.« Seufzen. Schweigen. Ich meide den Aufenthaltsraum.

Aber die (jüngere) Rauchergruppe im Vorraum ist mir noch unangenehmer. Ständig dröhnt vom Recorder das Wolfgang Ambros-Lied »Es lebe der Zentralfriedhof«. Wie passend hier. Ich traue mich aber nicht, mich zu beschweren. Ich will mich nicht unbeliebt machen.

Freitag, 20. Februar 1987

Der neunte Tag in diesem Krankenhaus. Ich kann mich immer noch nicht auf irgend etwas konzentrieren. Ich habe das Gefühl, ich kann nicht mehr »denken«, klage ich täglich bei der Arztvisite. Ich habe den Eindruck, ich bin »blutleer« in meinem Gehirn, völlig ausgepumpt.

Ich laufe hinter den anderen Patienten her zu den Therapieräumen. Zum Frühsport, zur Musiktherapie, zum Töpfern, zur Wassergymnastik, zur Konfliktgruppe (einer psychologischen Gesprächsrunde), zur Beschäftigungstherapie – aber ich nehme nicht »teil«, bin irgendwie gar nicht anwesend, mache schweigend alles, was man mir aufträgt, ohne Widerrede. Und ohne Engagement.

Ich bin ganz unauffällig. Ich fühle mich ausgelöscht. Ich bin nicht mehr ich. Ich bin wie die anderen. Bin eine von diesen Patienten.

Ich funktioniere gut als Patientin.

Samstag / Sonntag, 21. / 22. Februar 1987

Dieses Wochenende darf ich zum ersten Mal über Nacht zu Hause schlafen. Ich habe Angst davor.

Gestern beim Telefonieren mit meinem Mann schien mir das Problem unlösbar, ob er mich nun um zehn Uhr, um zehn Uhr dreißig oder erst um elf Uhr abholen solle. Ich kann immer noch nichts entscheiden, selbst solche Kleinigkeiten nicht, fühle mich dabei völlig überfordert.

Ich bringe mit Mühe ein Mittagessen auf den Tisch. Verbringe fast das ganze Wochenende im Bett.

Als mein Mann mich Sonntagabend wieder in die Klinik fährt, beginne ich zu weinen. Ich fühle mich dort nicht wohl, schluchze ich, man hilft mir nicht, ich will nicht zurück.

»Du fühlst dich momentan nirgends wohl«, sagt mein Mann. Und: »Bitte, halt diesmal durch.«

Mit den Kindern habe ich kaum gesprochen. Sie verkriechen sich in ihre Zimmer.

Dienstag, 24. Februar 1987

Die Therapien fallen aus, wegen des Psychiatrie-Faschings-balls. Ich habe keine Lust auf Fasching. Fahre statt dessen mit dem Bus nach Hause, als »Überraschung« für meine Familie. (Wir dürfen hier jederzeit die Station verlassen, müssen uns nur bei den Schwestern abmelden.) Mein gar nicht überrasch-ter Sohn Fabian sagt, ich hätte meinen Besuch doch gestern telefonisch angekündigt. Ich bin entsetzt – an dieses Telefon-gespräch kann ich mich nicht erinnern.
Diese Gedächtnislücken machen mir sehr zu schaffen. Ich habe Angst, daß das nie mehr besser wird. Daß ich meinen Verstand verliere. Mir ist zum Heulen. Ich kann aber nicht heulen. Noch nicht.
Kann denn jemals wieder alles so werden wie früher? Kann ich jemals wieder ein Mensch werden, der nicht nur im Bett liegt, die Decke über dem Kopf? Der wieder Energien hat, sich konzentrieren kann, ein Buch, eine Zeitung liest, aus-geht, das Leben genießt?

Mittwoch, 25. Februar 1987

Nachmittags Wassergymnastik. Diese Sportstunde mag ich. Und den fröhlichen Bademeister.
Ich merke plötzlich, daß die Sonne in das Bad scheint. Ich freue mich darüber, daß ich das merke.
Geht es aufwärts mit mir?
Abends noch ein Gedränge in der kleinen Stationsküche. Da werden Kuchen gebacken, Zwiebeln und Paprika geschnitten zur Vorbereitung eines Spaghettigerichts spät in der Nacht.

Zwölf Patienten machen heute den »Schlafentzug« und dürfen die ganze Nacht nicht ins Bett. Mit solchen Aktivitäten halten sie sich gewaltsam wach. Manche haben schon viele Schlafentzüge mitgemacht (und spüren am nächsten Tag vielleicht eine Besserung ihres Zustandes – vielleicht auch nicht), einige haben Angst, ihre erste durchwachte Nacht nicht durchzustehen.

Für manche Depressionsarten ist dieses Wachbleiben eine wirksame Therapie, hat mir Dr. D. erklärt. Der vorenthaltene Schlaf habe positive Auswirkungen auf den Stoffwechsel und die Stimmungslage des Patienten. Aber für meinen »agitierten Zustand« und meine vorwiegend psychogene Krankheitsform sei Schlafentzug noch nicht angebracht (»jede Depression hat eine andere Ursache und einen anderen Kopf«), deshalb hat er mich nicht dazu eingeteilt.

Gott sei Dank. Ich bin froh, als ich nach der letzten Tablettenausgabe um 21 Uhr endlich in mein Bett verschwinden kann.

Donnerstag, 26. Februar 1987

Nach dem Frühsport Musiktherapie. Wir sitzen zu acht im Kreis. Der Therapeut, sympathisch, mit winzigem Ohrring, legt verschiedene Schallplatten auf. Wir sollen uns einfach dieser Musik hingeben, in uns hineinhorchen, was wir dabei empfinden, und nachher im Gruppengespräch unsere Gefühle äußern.

Ich werde innerlich ganz weich bei diesen Orchesterklängen. Händels Wassermusik entspannt mich, macht mich heute sehr ruhig.

Danach ein Gespräch mit der jungen Stationspsychologin, Frau Dr. G. Ich erzähle ihr von meinen Belastungen durch meine Mutter und Schwiegermutter. Wie sehr mir unsere Sonntagstreffen auf die Nerven gehen. Nicht weil ich sie beide nicht mag. Sondern weil sie sich in ihrer Verschiedenheit nicht akzeptieren, nicht einmal tolerieren. Diese gegenseitige Abneigung trete beim gemeinsamen Nachmittagskaffee derart zutage, daß ich unter diesen Spannungen furchtbar litte – aber um des Familienfriedens willen nie etwas dagegen sagte oder unternähme.

Sie hört sich das alles ganz ruhig an, während ich immer aufgeregter werde. Manchmal fragt sie nach: »Jeden Sonntag? Warum denn das?«

»Weil ich sonst ein schlechtes Gewissen habe.«

Ich sage, daß ich mir meine Mutter ganz anders wünsche. Nicht so schlampig. Daß ich zuweilen fürchte, sie eigentlich nicht zu lieben. Nicht so, wie man als Tochter seine Mutter zu lieben habe. Und daß meine Schwiegermutter viele Eigenschaften habe, die ich an meiner Mutter vermisse. Jetzt zum Beispiel versorge sie meine Familie mit Essen, was man meiner Mutter nicht mehr zutrauen könne. Daß ich aber gerade sie manchmal hasse, wenn sie meiner Mutter vorwerfe, uns mit ihrer Minimal-Rente »auf der Tasche zu liegen«.

Frau Dr. G. erzählt mir, daß ihre Mutter sich auch nicht immer so verhalte, wie sie als Tochter das erwarte – es aber eigentlich nicht erwarten *könne* und *dürfe*, weil ihre Mutter eben ein eigenständiger Mensch sei. Und sie selbst würde nie versuchen, ihre Mutter so zu verändern, wie sie als Tochter sie sich wünsche, was ich aber ganz offensichtlich versuchte.

»Ein Bemühen, bei dem Sie niemals Erfolg haben können. Weil man eine fünfundsiebzigjährige Frau nicht mehr umformen kann.«

Zum Schluß äußert die Psychologin einen für mich sehr wichtigen Gedanken: »Man kann *alles* auch umdrehen und von der anderen Seite aus beleuchten. Etwa: Wie gut, daß wenigstens eine Großmutter noch so gut drauf ist, daß sie Ihre Familie in Ihrer Abwesenheit versorgen kann – wenn die andere Großmutter schon ausfällt. Man kann die Sache also auch positiv sehen.«

Ich denke noch lange über diesen Satz nach: »positiv sehen« – das habe ich in meiner Depression längst verlernt...

Abends bekommen vier Patientinnen auf meiner Station das

große Heulen. Das sei typisch für den Abend nach einem Schlafentzug, höre ich von Schwester Eva. »Die Belastung der durchwachten Nacht zerrt an den Nerven. Morgens ist man dann aufgedreht, abends dreht man durch. Aber das legt sich nach der nächsten durchschlafenen Nacht.«

Ich bin sehr betroffen von dem Weinen. Wann kann ich endlich weinen, denke ich. Wann bricht bei mir endlich mal alles heraus?

Freitag, 27. Februar 1987

Nach der Beschäftigungstherapie (langweilig, das ewige Peddigrohrbasteln!) eine Stunde mit Stationsarzt Dr. D. Ich bitte ständig um zusätzliche Gesprächstermine, die Visiten sind mir zu kurz, und die Anwesenheit der Schwestern stört mich dabei.

Ich soll ihm meine Familienkonstellation aufzeichnen, so wie ich sie empfinde: ein Punkt unten rechts, das bin ich. Daneben ein Kreuzchen für meine Mutter, die mir »im Nacken sitzt«. Im Abstand oberhalb drei Vierecke, nah beieinander, mein Mann und meine Kinder. Darüber wieder ein Kreuzchen, meine Schwiegermutter.

»Ich bin abseits«, sage ich, »ich gehöre nicht mehr dazu.« – »Und früher?« fragt mein Arzt. – »Früher schon. Als ich gesund war.«

Und die Probleme, die zu meiner Depression geführt hätten? Womöglich der Beruf? Oder eine Überlastung? Dr. D. will alles wissen: meine Ausbildung, meine frühere Situation als Redakteurin, meine jetzige als freiberufliche Journalistin.

Da kommt alter Ärger hoch, fast vergessene Kränkungen. Ich komme beim Erzählen in Fahrt, verheddere mich beim Sprechen, weil ich alles auf einmal berichten – loswerden? – will. Er hört intensiv zu, hakt bei verschiedenen Punkten nach: Wie war das genau?

Ich erzähle von meiner ersten Redaktion, von der Kündigung

nach meiner Heirat und von den Schwierigkeiten mit meinem jetzigen Verlag, als die Depression sich ankündigte, als mir das Schreiben immer schwerer fiel. Von meinem schlechten Gewissen (vor allem, als die Kinder noch klein waren), wenn ich beruflich verreisen mußte. Von der ständigen Sorge, entweder sie oder meine Arbeit zu vernachlässigen. Von dem Gefühl des »Ausgenutztwerdens« als freie Mitarbeiterin aus der Provinz, die gegen Windmühlen kämpft…

»Da hat sich ja ganz schön viel Groll angestaut in diesen Jahren. Haben Sie denn diesem Groll nie Luft gemacht? Sich niemals beschwert?« fragt Dr. D.

»Wie konnte ich?« erkläre ich ihm. »Ich bin abhängig von meinem Verlag, denn die Arbeit macht mich unabhängig von meinem Mann. Als er mal eine Freundin hatte, überlebte ich nur mit meiner Arbeit.«

»Warum haben Sie sich dann nicht auch einen Freund zugelegt?«

Für ihn scheint die Sache einfach. Für mich nicht. »Ich wollte schon, aber ich traute mich nicht.«

»Warum denn nicht?«

»Weil ich nicht riskieren will, meinen Mann zu verlieren.«

Dr. D. hat eine schnelle Antwort: Aber mein Mann riskiere sehr wohl, mich zu verlieren. Ich werde fast wütend auf ihn. Das ist ja das Problem: daß ich gefühlsmäßig abhängig bin von ihm, er aber nicht von mir. Daß er zuerst »ich« sagt und dann »wir«. Daß er sich Dinge zugesteht, die ich mir nie zugestehen würde, weil er sich seiner *selbst* sicher ist – und ich nicht.

Wir haben einen kleinen Disput über das Ideal ehelicher Treue und meine mangelnde Fähigkeit, zurückzuschlagen und mich zur Wehr zu setzen. Bin ich eine Versagerin? Unfähig, mein eigenes Leben zu leben?

Dr. D. beendet die Gesprächsstunde mit der Bemerkung, es wundere ihn nicht, daß ich Depressionen hätte. »Wenn Sie alles runterschlucken, frißt Sie das notgedrungen auf. Das würde mich auch krankmachen.« Ich liebe ihn für diesen Satz.

Ich bin also nicht verrückt. Ich bin nur dumm.

Ich fühle mich besser als vor einer Stunde.

Geht es wirklich aufwärts mit mir?

Nach dem Mittagessen wieder Musiktherapie. Jeder von uns Patienten soll sich diesmal im Musikraum ein Instrument seiner Wahl aussuchen und ihm irgendwelche Töne entlocken. Allgemeine Unsicherheit, Verschüchterung. Keiner kann diese Instrumente spielen. Der Therapeut erklärt: »Es kommt nicht darauf an, daß wir hier schöne Musik machen. Sondern darauf, ob wir einen Einklang erzielen im Zusammenspiel oder vielleicht einen Mißklang.«

Ich wähle die Xylorimba (den exotischen Namen muß ich erst erfragen). Sie ähnelt einem großen Xylophon, man schlägt mit Schlegeln auf Metallstäbe. Der Therapeut macht es mir vor.

Die Gruppe soll erst mal spontan irgendwelche Töne produzieren. Später sich nacheinander gegenseitig die Einsätze für kleine Soli geben. Der Klang von Klavier, Schlagzeug, Gitarre, Rassel, Monocord und Vibraphon macht einen ohrenbetäubenden Lärm.

Erika fängt an zu weinen – ihre Nerven halten das nicht aus. Ein Patient verweigert verärgert das Mitspielen: »Alles Schmarrn.« Aber mich stimmt der Krach fast fröhlich. Ich weiß auch nicht, warum.

Heute darf ich schon am Freitagnachmittag in einen »kompletten Wochenendurlaub« nach Hause. Versorgt mit einem Tablettenvorrat für zwei Nächte und zwei Tage.

Nach Alkohol habe ich kein Bedürfnis, darauf bin ich stolz. (Obwohl das in guten Zeiten »normal« war.) Mein Mann gibt mir die verwahrten Autoschlüssel. Auch darauf bin ich stolz, daß ich mir das Autofahren zutraue. Das erste Mal seit fünf Wochen.

Wir unterhalten uns abends lange über meine Erlebnisse im Krankenhaus. Wir reden miteinander!

Faschingswochenende. Ich wache auf und fühle mich irgendwie gut. Ich habe nicht mehr soviel Angst vor dem Tag wie all die Morgen vorher.

Beim Frühstück lese ich das erste Mal wieder die Zeitungen mit so etwas wie Interesse. Mein Geist nimmt wieder auf, was da schwarz auf weiß gedruckt ist! Er ist also nicht abgestorben!

Am Nachmittag besuche ich eine Kunstausstellung. (Auch dieser Unternehmungsgeist ist neu.) In der Galerie sind viele Bekannte. Anfangs fühle ich mich ängstlich, zittrig in den Beinen. Dann gestehe ich einigen, die sich über meine Abmagerung wundern, daß ich derzeit wegen Depressionen im Klinikum in Behandlung bin. Sage ganz offen »in der Psychiatrie«, geniere mich nicht mehr deshalb und höre von manchen, daß sie eine depressive Tante, einen depressiven Bruder haben. Ich bin also gar nicht so allein, wie ich immer dachte.

Sonntag fahre ich mit Fabian, meinem Sohn, zur Kirche. Ein ungewohntes Bedürfnis. Dann koche ich selbst – das erste Mal seit Monaten. Relativ gern und relativ gut. Und bügle nachmittags drei Waschmaschinenfüllungen, weil ich plötzlich meine Tochter, die sich wochentags rührend um den Haushalt kümmert, entlasten will.

Abends, zurück im Krankenhaus, lese ich im Bett erstmals in einem der mitgebrachten Bücher. Ich kann wieder lesen.

Bin ich glücklich? Geht es mir schon wieder so gut, daß ich *glücklich* sein kann?

Ich nehme ab heute keine Schlaftablette mehr. Auf meinen Wunsch.

Montag, 2. März 1987

Ich wache auf und bin gesund.

Ich weiß genau, daß ich gesund bin. Ich spüre es. Draußen auf meiner Terrasse gießt es in Strömen. Ich könnte Bäume ausreißen und die ganze Welt umarmen. Beim Tablettenausteilen falle ich Schwester Heike um den Hals: Ich bin wieder gesund! Sie freut sich mit mir.

Nach der Frühgymnastik kaufe ich mir am Klinikkiosk eine Tageszeitung. Das erste Mal! Plötzlich bin ich neugierig darauf, was in der Welt passiert, was die Kollegen so schreiben. Und ich hole mein Tagebuch aus dem Koffer. Ich habe Lust darauf, meine Gedanken und Gefühle niederzuschreiben. (An diesem Tag beginnen meine täglichen Aufzeichnungen. Alles, was vorher geschah, habe ich nachträglich aus meiner Erinnerung aufgeschrieben.)

Endlich Visite. Ich strahle über das ganze Gesicht. »Geht es Ihnen wirklich besser?« fragt Dr. D. »Super«, sage ich, »einfach super! Es ist ein Wunder, ich bin gesund. Sie können mich entlassen, ich gehe nach Hause.«

Mein Optimismus wird vom Arzt gedämpft. Ein bißchen müsse ich zur Beobachtung schon noch ausharren, um zu sehen, ob sich mein Zustand auch wirklich stabilisiere, es sich nicht um eine nur momentane Besserung handle. Aber mein Arzt freut sich auch, das sieht man.

Nun will ich alles wissen: Ein »Wunder«? Oder haben mich die Tabletten geheilt, als ich schon nicht mehr daran glaubte?

»Die Tabletten, ja – und der Abstand von Ihrer sonstigen Lebenssituation.« Er erklärt mir die Wirkung der Antidepressiva, nimmt sich an diesem Tag viel Zeit für mich. Bestimmte Energiestoffe im Gehirn scheinen bei jeder Depression erschöpft, »lahmgelegt«. So wie ich ja immer geklagt hätte und wie es heute wissenschaftlich nachgewiesen sei. Bestimmte Medikamente könnten diese Energiestoffe wieder vermehrt speichern, die Nervenzentren im Gehirn wieder aktivieren – der Patient schöpfe neue Energie.

Ich habe mir also nicht *eingebildet*, daß irgend etwas in meinem Gehirn »abgestorben« war. Es war tatsächlich so. Und es funktioniert jetzt wieder, das spüre ich ganz deutlich. Das also ist meine Heilung: Mein Gehirn war »krank«, chemische Substanzen haben es gesund gemacht. Ich danke Gott für die Entwicklung und die Fortschritte der Pharmaindustrie. Das erste Mal in meinem Leben.

Nach der Visite unterhalte ich mich ganz gelöst mit einigen Patienten. Die Dekanswitwe flüstert mir zu, daß ihre Zimmergenossin heute nacht furchtbar geschnarcht habe. Bis sie selbst aufgestanden, an deren Bett getreten sei und laut gesagt habe: »Frau Schumann, Sie schnarchen.« Ich muß über diese Geschichte richtig lachen. (Wann ich das letzte Mal gelacht habe, weiß ich nicht mehr. Ich kann mich nicht daran erinnern.)

Beim Abendessen höre ich die unsympathische Frau F. zu ihrer Tischnachbarin sagen (mit Blick zu mir): »Jetzt ist sie auf einmal so lustig. Vorher hat sie sich den ganzen Tag in ihrem Zimmer versteckt.« Frau F. tut mir leid. Sie ist schon seit zwei Monaten hier.

Natürlich habe ich allen Patienten erzählt, daß meine Depression wie weggeblasen ist. Man sieht es mir wahrscheinlich auch an. Die netteren haben sich mit mir gefreut – und geseufzt: »Wenn ich nur auch soviel Glück hätte.« Ich habe ihnen Mut zugesprochen: Das könne auch Wochen oder Monate dauern, bis die Medikamente »greifen«, wie der Arzt mir sagte. Je nach Alter und Dauer der Depression. Je länger *vorher* schon die Depression andauerte, desto länger sei *nachher* der Weg der Heilung.

Die weniger netten neiden mir mein »Wunder«. Ich verstehe sie.

Dienstag, 3. März 1987

Ein Faschingsdienstag mit Schneeschauern. Ich habe einen scheußlichen Traum gehabt: Ich war unheilbar krank, ganz schwach, gehunfähig, hilflos, mußte mich auf meine Kinder stützen. Mußte ich erst gesund werden, um meine Krankheit in einem Traum zu verarbeiten?

In der Musiktherapie wähle ich mir diesmal das Cembalo aus. Erika neben mir mit dem Glockenspiel ist fast unhörbar in der Gruppe. Sie drückt mit dem Schlegel »die Töne ab«, wie der Therapeut bemerkt. Ob sie sich im alltäglichen Leben auch selber so »abdrücke« wie jetzt ihr Instrument? Eine gute Frage. Sie antwortet leise, sie wolle nicht »hervorklingen«, sich lieber »hinten halten und anpassen«.

Ganz deutlich spüre ich auf einmal, was diese Musiktherapie sein will und kann: ein Ausdruck persönlicher Probleme mit Hilfe der Musik.

Der Therapeut analysiert uns. Zu mir sagt er, ich wirke mit meinem Cembalo ausgesprochen »beherzt und unterfordert«. Ich antworte, ich würde statt meiner Katzenmusik, diesem Kratz-Schrumm-Schrumm, viel lieber richtig üben und das Instrument beherrschen. Er: »Soll in Ihrem Leben alles so perfekt sein wie hier bei unserer Musik?« Ich: »Ja, sollte es. Ist es aber nicht.«

Ich denke noch lange darüber nach.

Nachmittags ein Besuch zu Hause. Ich bin wieder gesund! (Glauben sie es mir?) Und ein Spaziergang mit meiner Mutter um einen verschneiten See. Über meine Depression sprechen wir nicht. Das klammern wir beide aus. Wie immer. Ich hätte das von meiner Großmutter geerbt, sagt meine Mutter nur. Die sei auch schwermütig gewesen und habe jede Mücke zu einem Elefanten gemacht. Genau wie ich.

Ich genieße das Schauen, Riechen und Fühlen der Natur. Und daß meine Sinne das alles wieder wahrnehmen. Daß mein Gehirn wieder funktioniert. Daß ich so etwas wie Lebensfreude in mir spüre.

Bei der Oberarztvisite frage ich, wie viele Tabletten ich eigentlich noch morgens, mittags und abends schlucken müsse? Ich sei doch völlig gesund. Ich erfahre: Die Beruhigungstabletten seien schon nach den ersten Tagen abgesetzt worden. Das Antidepressivum sei von 200 mg auf 125 mg täglich reduziert.

Ich möchte das Quantum weiter reduzieren. Auf Null nämlich. Und endlich entlassen werden.

Oberarzt Dr. von P. erklärt mir, mein »Quantum« sei ohnedies geringer als bei den meisten anderen Patienten hier. Und meine Heilung nach zweieinhalb Wochen sei ein »immenses Glück«. Mindestens zwei Wochen solle ich noch stationär bleiben, bis mein Zustand sich stabilisiert habe. Und die Tabletten könne man nur ganz langsam reduzieren – »Rückfallgefahr«. Auch nach meiner Entlassung bestehe sie noch. »Sie müssen damit rechnen, daß Kleinigkeiten Sie draußen immer wieder umwerfen. Sie sollten in Ihrem Leben, vor allem beruflich, etwas kürzer treten. Auch wenn Sie sich momentan ganz gesund und stark fühlen.«

Aha. Ich werde mir die Mahnung merken. Ich gestehe noch, daß ich mich auch hier in der Klinik zu Anfang wie in dem Film »Einer flog über das Kuckucksnest« gefühlt hätte. Zwar ohne Zwangsjacke – aber ruhiggestellt mit »Tablettengift«. Manchmal könne »Gift« durchaus positiv auf den Körper wirken, antwortet der Oberarzt. Gott sei Dank kein Wort von dem Nikotin, mit dem ich selbst täglich meinen Körper vergifte. Er weiß, daß ich rauche. Er hat mir nur einmal, ganz zu Anfang, empfohlen, es wenigstens einzuschränken. Aber die Entscheidung darüber müsse er mir überlassen. Er imponiert mir.

Auf die Töpferstunde freue ich mich inzwischen. Das Kneten des feuchten Tons gefällt mir. Zwei krumme Kerzenleuchter werden diesmal vollendet.

Beim wöchentlichen Wiegen im Schwesternzimmer ein Erfolg: drei Kilo zugenommen. Kein Wunder, neuerdings habe ich wieder Appetit, muß ich mich nicht mehr zum Essen zwingen...

In der Konfliktgruppe geht es um Alkoholprobleme in der Depression. Bei drei Halben Bier täglich, wenn man sie »brauche«, fange die Alkoholsucht an, erklärt die Psychologin. Ich bin schockiert. Im letzten Vierteljahr hatte ich den Alkohol auch »gebraucht«. Um mich und alles zu vergessen?

Abends unterhalte ich mich lange mit der jungen Mutter auf meiner Station, die sich ihr Zimmer mit ihrer dreijährigen Tochter teilt. Bisher bin ich ihr aus dem Weg gegangen. Das laute Kind, das fröhlich herumtobt, wenn es nicht im Klinikkindergarten ist, hat mich aufgeregt. Ich war bisher nicht aufgelegt zum Scherzen oder Fangenspielen. Die kleine Christina setzt sich zutraulich auf jeden Schoß. Die Schwestern kümmern sich rührend um sie, wenn ihre Mutter Therapien hat. Beide sind schon seit zehn Wochen in der Klinik. Doris K. erzählt, wie froh und dankbar sie dafür sei, ihre Tochter in die Psychiatrie mitbringen zu können. Ihre Eltern wohnen weit entfernt. Sie ist geschieden. »Wohin hätte ich sie geben sollen? In ein Kinderheim? Sie hätte die Trennung sicher schlechter verkraftet als diesen Aufenthalt hier, zusammen mit mir.«

Ich war zu Anfang sehr überrascht über dieses Kind in der Psychiatrie. Ich hätte nie damit gerechnet, daß Mütter kleine Kinder dorthin mitnehmen können. Auf Kosten der Krankenkasse (in Ausnahmefällen). Ein enormer Fortschritt in unserem Sozialsystem!

Freitag, 6. März 1987

Ich habe wieder schlecht geträumt. Seit es mir tagsüber gutgeht, habe ich nachts Alpträume. Vorher hatte ich meist wunderschöne Träume. Da flüchtete ich aus meinem Alptraum von Tagwelt in meine Nachttraumwelt, in der ich jung, schön und glücklich war, in der alles herrlich war und in der es Krankheit nicht gab…

Zur Beschäftigungstherapie (sie soll die Konzentration fördern) gehe ich ungern. Das ewige Basteln nervt mich. Manche Patientinnen nähen aus Stoffresten bunte Kasperl. Dann lieber noch Seidenmalerei. Ich übe diese neue Technik.

Auch einige Patienten im ewigen Trainingsanzug gehen mir inzwischen auf die Nerven. Warum ziehen sie sich nach dem Turnen nicht um? Ich habe die Klinik satt.

Nach der Musiktherapie kann ich endlich nach Hause verschwinden. Mit meinem Tablettenvorrat für zwei Tage. Ich freue mich diesmal richtig auf meine Familie, die soviel durchgestanden hat mit mir. Und ich höre wieder wirklich zu, als mir die Kinder von der Schule und ihren saublöden Schulaufgaben berichten.

Abends mit meinem Mann eine Theaterpremiere, zur Feier meiner Genesung. Noch vor zwei Wochen habe ich mich vor jeder Gesellschaft verkrochen! Ich finde mich schön wie seit Monaten nicht mehr. Und ich habe viel mitzudiskutieren in der Pause.

In dieser Nacht will ich das erste Mal seit ichweißnichtmehrwann mit meinem Mann schlafen. Ich hatte jedes Interesse daran verloren (auch die Sexualität stirbt mit der Depression ab, wie jede Lebensenergie). Das einzige, was ich in den vergangenen Monaten noch wollte, war: in seine Arme flüchten, festgehalten werden, seine Wärme spüren, mit ihr meine Kälte auftauen.

Diesmal ist es schön. Wie früher.

Samstag / Sonntag, 7. / 8. März 1987

Ich kann wieder lieben. Und Liebe *fühlen*. Heute kaufe ich mir ein paar modische Fummel. Ich verwöhne mich ganz bewußt, weil eine schlimme Zeit hinter mir liegt.

Abends das Fernsehen – eine schwachsinnige Quizsendung –

genieße ich richtig. Meine Kinder freuen sich ganz offensichtlich über den gemeinsamen Familienabend. Einen, an dem die Mutter nicht wieder vorzeitig ins Bett verschwindet.

Mein Mann startet anschließend noch eine Zweierdiskussion darüber, daß ich – seiner Meinung nach – schon wieder in meine »alten Fehler« zurückfalle: nämlich mich um alles mögliche zu kümmern. Und das nur, weil ich meine Mutter zum Einkaufen mitgenommen habe (was ihr eine kindliche Freude macht), meine Schwiegermutter angerufen habe und danach noch eine Freundin, der es momentan sehr schlecht geht und die auch fürchtet, in eine Depression abzugleiten.

Ich wehre mich vehement gegen seinen Vorwurf. Weil ich das alles »gern gemacht« habe, wie ich ihm versichere, und nicht wie früher aus meinem Verantwortungsgefühl heraus.

Mein Mann fürchtet, ich würde bald wieder in meine Depression zurückfallen, wenn ich so weiterlebte wie bisher.

Montag, 9. März 1987

Vor der Visite läuft mir im Flur Frau S., eine Arztwitwe, in die Arme. Tränenüberströmt. Sie hat wieder furchtbare Angst. Ich streichle sie zur Beruhigung und versuche, ihr diese Angst auszureden. (Angst haben manche Patienten vor der Arztvisite, doch hier verstehe ich das nicht. Hier kenne ich nur die Angst vor dem Tag. Vor dem »Morgen«. Nicht vor den Ärzten, denen ich von meinen Problemen erzählen kann und die mir fachkundig und interessiert zuhören.)

In der Konfliktgruppe kommt das Gespräch auf Selbstmordversuche. Ein Arbeitsloser fängt davon an. Betroffen von seinem Bericht erzähle auch ich von meinem verhinderten Absprung im Hochhaus – zwei andere Teilnehmer gestehen ähnliche Versuche.

Ich habe ein sehr befreites Gefühl nach dieser Stunde. Wenn man über solche Grenzerfahrungen offen spricht, sind sie nicht mehr so belastend. Und ich bin sehr froh, daß ich noch

lebe, daß ich den entscheidenden Mut zum Springen doch nicht hatte.
Am Abend gemeinsames Kartenspiel im Aufenthaltsraum. Ich schließe mich nun nicht mehr aus.

Dienstag, 10. März 1987

In einem langen Gespräch meint der Stationsarzt, mein Grundproblem sei, zu hohe Ansprüche an mich und meine Umgebung zu stellen. (Das ist nicht neu: Ähnliches habe ich schon früher von der Familienberaterin und dem Verhaltenstherapeuten gehört.) Dr. D. sagt, ich erwartete von allen Leuten, daß sie »perfekt« seien. Ich dürfe aber nicht von anderen die Erfüllung meiner persönlichen Wünsche erhoffen – ich müsse sie *selbst* realisieren.
Auf meinen Einwand, daß ich für mein Leben gern reise und gern Konzerte besuche, mein Mann aber Reisen stressig und Konzerte zum Einschlafen findet, kommt die Antwort: »Dann verreisen Sie eben allein und gehen allein ins Konzert! Immer noch besser, als nach zwanzig Jahren Ehe sich Ihren Mann als Märchenprinzen zu erträumen, der ständig für Sie da ist. Sie können Ihren Mann doch nicht zu etwas zwingen, wozu er keine Lust hat – das bringt für beide nur Frust.«
Na ja, ich habe beides schon ausprobiert. Zähneknirschend, weil der Neid auf all die »glücklichen Paare« ringsum den Genuß trübt…
Zum Schluß möchte ich endlich wissen, ob mich die Medikamentendosis in der Privatklinik auch geheilt hätte – wenn ich nur länger dort durchgehalten hätte? Diese vielen dämpfenden Beruhigungsmittel und das gering dosierte Antidepressivum? Und ich erwähne die dortige Diagnose, die mich furchtbar erschreckt hat: »Verdacht auf schizoaffektive Psychose.« (Sie war in meinem Entlassungspapier für den weiterbehandelnden Arzt angegeben; ich hatte es gelesen –

gesagt hat man mir nichts davon. In meinem Medizinlexikon habe ich nachgelesen, daß es sich bei dieser »Psychose« um eine Unterform der *Schizophrenie* handelt, mit Depressionen verbunden.)

Dr. D. wird sehr zurückhaltend. Er sage grundsätzlich nichts Negatives über Kollegen. Allerdings halte er das »Wirkprofil« dieser Medikation für meine eindeutig akute schwere Depression *nicht* für ausreichend. (Im Klartext: Ich wäre dort wahrscheinlich nicht gesund geworden. Auch nicht für ein paar tausend Mark und mit viel Geduld!) Er hält diese renommierte Privatklinik eher für geeignet für »leichtere psychische Erkrankungen« oder für eine »Nachkur« – im Anschluß an eine Depressionsbehandlung.

Wie konnte mich mein damaliger Arzt dann dahin überweisen? Hat er meinen »Zustand« nicht erkannt?

Mittwoch, 11 März 1987

Langsam geht mir der Frühsport auf die Nerven. Ich kann diese Trainingshosen nicht mehr sehen, den Schweiß nicht mehr riechen. Nur das Töpfern danach macht mir immer mehr Spaß.

Nachmittags schwänze ich meine Wassergymnastik und buche in einem Reisebüro eine Urlaubswoche in Italien. Auf ärztlichen Rat. Mit einer Freundin zusammen, weil meiner Familie mein »Italien-Tick« schon zum Halse heraushängt...

Donnerstag, 12. März 1987

Bei der Oberarztvisite erfahre ich meinen Entlassungstermin: nächsten Donnerstag. Hurra. »Vorausgesetzt, daß Sie keinen Rückfall haben.« Habe ich nicht, das weiß ich.

In der Konfliktgruppe geht es diesmal um Treue und Untreue. Ich hoffe, sage ich, künftig gegen eventuelle Untreue besser gewappnet zu sein, weil ich versuchen würde, mir ein eigenständigeres Leben aufzubauen, unabhängiger zu werden. Ein Lehrer berichtet von diversen Schwierigkeiten mit seiner Frau. Deshalb sei er depressiv geworden.

Die meisten schweigen (wie oft in dieser Runde). Es stört mich (die ich aus all diesen Gesprächen lerne – nun, da ich »offen« dafür bin), daß viele Teilnehmer an dieser Konfliktgruppe nicht von ihren Konflikten reden, sondern still vor sich hinstarren. Aber wahrscheinlich können sie es (noch) nicht. Sie haben nur Angst vor dieser Runde. Und Angst lähmt.

Ich bin mir nicht sicher, ob die Inhomogenität dieser Gruppe ein Nachteil oder ein Vorteil ist. Da sitzen Alte und Junge im Kreis, Akademiker und Ungelernte, Arme und Reiche. Nichts verbindet uns. Außer unserer Krankheit. Mir hilft gerade diese Erfahrung weiter, daß es uns in unserer Krankheit allen gleich geht.

Ein Dialog über Selbstverwirklichung und Anpassung entsteht zwischen dem Lehrer und mir. Die Psychologin kommentiert, ich begäbe mich nun zögernd auf den Weg, den die Ehefrau des Lehrers schon lange eingeschlagen habe. Und ich solle da weiter Fortschritte machen, zu meinen eigenen Interessen stehen.

Danach fahre ich heim, zu einer Familienfeier mit den Großmüttern. Schon bei der Begrüßung fühle ich das altvertraute Magendrücken. Sie nerven mich genauso wie früher – obwohl ich fest vorhatte, mich an diesem Abend *nicht* aufzuregen. Sagt meine Mutter, es ist kalt heute, erwidert meine Schwiegermutter, heute ist es überhaupt nicht kalt, gestern ist es viel kälter gewesen. Und so weiter und so fort. Diese ewigen Gegenreden, dieses Hickhack, das macht mich – fürchte ich – schon wieder krank. (Aber meine »Krankheit« ist hier tabu, das Krankenhaus wird nicht erwähnt.)

Auch meine Kinder spüren natürlich die gespannte Atmosphäre, finden das eher lächerlich – oder zum Amüsieren. Die haben ja auch noch gute Nerven. Mein Mann schaltet bei diesen Familienfesten ohnehin ab, läßt nichts zu nahe an sich herankommen.

Freitag, 13. März 1987

Ein Thema für die Visite: mein gestriger Ärger. Habe ich in der Klinik bisher nichts dazugelernt? Kann ich immer noch nichts abschütteln? Es gibt vieles, was ich nicht »aushalten« kann. Wie reagiere ich darauf?

Für meinen Arzt ist die Sache einfach: »Manchmal muß man sich zur Wehr setzen, auch mal mit der Faust auf den Tisch hauen.« O Gott, kann man das »Mit-der-Faust-auf-den-Tisch-Hauen« auch lernen?

Dr. D. meint, ich sei jetzt zwar körperlich geheilt, müsse aber noch einen weiten Weg zurücklegen, um nicht wieder in die alten Zustände, die mich eben »krank« machten, zurückzufallen. »Sie müssen lernen, künftig besser Ihre eigenen Wünsche durchzusetzen, und sollten weniger von Ihrer Familie erwarten, daß sie sich ändert. Denn damit erleiden Sie bestimmt wieder Schiffbruch.«

Ich erinnere mich an die unzähligen Diskussionen in meiner Ehe darüber, daß ich zu feige sei, Verantwortung für mein Tun und Lassen zu übernehmen. Daß ich immer alles mögliche von anderen fordere und erwarte, daß ich aber nicht bereit sei, das Meinige dazu zu tun. Und daß ich vor allem nie zu meinen Wünschen stehe und sie für mich verwirkliche, sondern erwarte, daß *man* sie mir erfülle – und falls nicht, beleidigt von dannen ziehe.

Seit den vielen Gesprächen mit den beiden Psychologen in den letzten zwei Jahren weiß ich längst, wo die Ursachen für dieses Verhaltensmuster liegen. Ich kenne die Fehlerquellen in meiner Kindheit, habe x-mal von ganz bestimmten traumatischen Erlebnissen gesprochen, die ich nie vergessen und nie verwinden werde. Nur eines weiß ich nicht und habe ich bei ihnen nicht gelernt: Wie ich mich davon befreien kann! Wie ich endlich lernen soll, anders als gewohnt zu agieren und zu reagieren!

Ich erzähle das alles Dr. D. (daß wie immer eine Schwester dabeisitzt, stört mich schon nicht mehr). Frage ihn, wie ich denn meine »Omas« dazu bringen solle, nicht ständig bei unseren Zusammenkünften zu streiten: »Ich kann ihnen doch nicht das Haus verbieten.« ·

»Warum nicht?«

Ich bin verblüfft. Wenn ich, höre ich, so sehr unter diesen Spannungen und Mißstimmungen leide, hätte ich sicherlich das Recht dazu, den alten Damen das zu sagen und sie zu bitten, sich wenigstens an meinem Tisch zu vertragen. »Aber sachlich argumentieren. Und nicht beleidigt.«

Ich antworte, dazu hätte ich nie den Mut, andere zu verärgern, mich »unbeliebt« zu machen – lieber schluckte ich alles runter. Diese Sucht, überall »Liebkind« zu sein, habe sich in den letzten Jahren verstärkt. Dr. D. will Beispiele wissen.

Ach Gott, da gibt es so viele. Früher hätte ich meine Artikel munter drauflosgeschrieben, und sie hätten den »journalistischen Biß« gehabt. In letzter Zeit fielen sie mir immer schwerer, jedes Wort werde dreimal überlegt: Kränkt das auch niemanden, trete ich damit keinem auf die Füße? »Gutes Schreiben erfordert den Mut zur eigenen Meinung, den habe ich verloren; was dann noch rauskommt, ist gefällige Hofberichterstattung, Wischi-Waschi.«

Oder der Frust als freie Mitarbeiterin, ständig abrufbereit. Wenn *ich* Zeit zum Arbeiten und Ideen habe, hat die Redaktion keinen Bedarf, ist das nächste Heft schon verplant. Aber wenn ich mit Grippe im Bett liege, das Haus voller Kinder zum Geburtstagfeiern habe oder gerade die Urlaubskoffer packe – dann kommt garantiert ein Anruf, eine eilige Geschichte muß bis übermorgen geschrieben sein. Und natürlich schreibe ich sie, notfalls nachts und mit Fieber. »*Mich* kann man ablehnen, jederzeit. Aber ich kann nichts und niemanden ablehnen.«

Dr. D. meint, ich sei wohl zutiefst in meinem Innern verunsichert. Aber ich könne noch lernen, meine Interessen durch-zusetzen, »auch wenn sie noch so egoistisch sind«. In einer Gruppentherapie »draußen« sollte ich die Auseinanderset-zung mit anderen üben – »damit Sie sich nicht wieder davor drücken und immer nur weiterleiden«.

Dieses Gespräch geht mir lange nicht aus dem Kopf. Da mußte ich zweiundvierzig Jahre alt werden, bis ich begriff, daß ich selbst für mein Leben verantwortlich bin! Bis mir jemand Mut zu mir selbst machte! Immer war ich darum be-sorgt, es allen »recht zu machen«. Wie oft habe auf etwas ver-zichtet, das mir wichtig gewesen wäre oder mir Spaß gemacht hätte – aus lauter Angst, es könnte meinem Mann, meiner Mutter, meinen Kindern, meinem Chef nicht passen. Immer wollte ich toll »funktionieren«. In all meinen Rollen. Und bin dafür unzufrieden durchs Leben gegangen. Habe ich *mich* darüber vergessen? Mich – damit meine ich zumindest die, die ich vor zwanzig Jahren noch war.

Dessen bin ich mir sicher: Ich werde mich künftig ändern.

Am Abend im Wochenendurlaub bietet sich schon die erste Gelegenheit. Nach einem Galeriebesuch ist mein Mann müde, will nach Hause. Ihn lockt die Sportschau, Fußball und Fernsehsessel. Diesmal bin ich nicht fügsam, genieße eine lange Ausgehnacht mit zwei Freundinnen. Er schaut leicht beleidigt unter der Bettdecke hervor, als ich aufgekratzt heimkomme. (Das Gegenteil ist er eher gewohnt: die belei-digte Ehefrau und der fröhliche Spätheimkehrer!)

Samstag / Sonntag, 14. / 15. März 1987

Strahlende Frühlingssonne. Ich genieße das wieder »nor-male« Familienleben. Mit Gesprächen, Gelächter – eben al-lem, was dazugehört.

Zurück in die Klinik begleitet mich diesmal die ganze Fami-lie: Es ist das letzte Wochenende, nach dem ich noch einmal zurück muß!

In der Konfliktgruppe reden wieder nur der Lehrer und ich von unseren Eheerfahrungen. Ich erwähne meinen zwanzigjährigen »Machtkampf« und wie sehr ich mich bisher, meinem Gefühl nach, habe unterdrücken lassen. Erzähle stolz von meinem Emanzipationsversuch am Freitagabend.

Zwei junge Patienten werden plötzlich munter. So seien sie »immer schon« von ihren Freundinnen behandelt worden. Häufig seien diese alleine ausgegangen, hätten für die Partner keine Zeit gehabt. Gott sei Dank, sage ich, wächst da eine neue Frauengeneration heran. Eine, die sich nicht mehr duckt und sich nicht alles gefallen läßt...

Die Psychologin meint, ein »Zuviel des Guten« sei auch nicht gut. Ideal wäre, wenn beide Partner Rücksicht aufeinander nähmen. Und beide auf ihre Kosten kämen.

Ein weises Wort. Und eine Binsenweisheit dazu. Wenn das in der Realität nur so einfach wäre!

Dann meine letzte Musiktherapie. Diesmal wähle ich die Leier, will einmal leisere Töne anschlagen. Wir alle bewundern dagegen die Courage unserer Seniorin, siebzig Jahre alt, die entschlossen das Schlagzeug ansteuert. Nach einem grauenhaften »Concerto grosso« schickt mich der Therapeut zum Abschluß an die Pauke, weil ich mit meiner sanften Lyra völlig unterginge. Bei meinem Einsatz dresche ich so begeistert drauflos, daß notgedrungen plötzlich alle Instrumente lauter werden – sie müssen ja irgendwie mithalten. Nach diesem »Furioso« wirkt die Gruppe gelöst, manche Gesichter hellen sich auf.

»Das war endlich mal ein bombastisches Finale«, lobt der Musiktherapeut. Und wünscht mir zum Abschied, in meinem Leben künftig »weiter so kräftig auf die Pauke zu hauen«.

Mein vorletzter Tag in diesem Krankenhaus, mit noch einmal zwei Gesprächsstunden. Der Stationsarzt empfiehlt mir, das Antidepressivum zu Hause nach zwei Wochen von jetzt 125 mg auf 100 mg zu reduzieren und dann langsam völlig abzubauen. Unter Aufsicht meines Neurologen, damit dieser eventuelle Veränderungen in meinem Befinden kontrollieren könne. Ich habe meine Abwehr gegen das »Gift« längst verloren. Verspreche brav das Befolgen all seiner Ratschläge.

Ich frage nach meinem Blutbild der letzten (wöchentlichen) Kontrolle, ob sich die vergrößerten Blutkörperchen wieder normalisiert hätten. So schnell gehe der Abbau nicht, höre ich. Dr. D. will wissen, wie es derzeit mit dem Alkohol bei mir stünde. Ich berichte wahrheitsgemäß, daß ich an den Wochenenden ein oder zwei Schoppen Wein getrunken habe – wie er es mir ja zum Entsetzen aller Schwestern erlaubt hatte –, meist am Abend und in Gesellschaft. Nach einem heimlichen Schluck aus irgendeiner Flasche hat es mich Gott sei Dank nicht mehr gelüstet. Wie ich überhaupt merke, daß ich weniger rauche und trinke, wenn es mir psychisch und physisch gutgeht. Mein Arzt rät mir, auch künftig »maßvoll« mit Alkohol umzugehen. (Wie ich es *vor* meiner Depression auch nicht anders kannte.)

Zuletzt frage ich doch noch, warum er mich nicht wegen Suizidgefahr auf eine geschlossene Station gesteckt habe. Er wußte ja von dem Hochhaus. »Ich war mir sicher, daß Sie es nicht noch einmal versuchen würden. Denn Sie waren damals in einer echten Ausnahmesituation. Sie warfen sich vor, in dieser Privatklinik versagt zu haben. Und dann: Die Kinder waren abgereist, Sie fühlten sich ohne Aufgabe, ohne Halt. Darum drehten Sie beinahe durch.«

Ich danke Gott für dieses »Beinahe«.

Und woher kommt nun, aus seiner Sicht, meine Depression? »Zu einem Drittel endogen, also mit biologischen Ursachen. Zu einem Drittel reaktiv, das heißt als Reaktion auf bestimmte Umwelteinflüsse. Und zu einem Drittel neurotisch:

Mit einer anderen Persönlichkeitsstruktur hätten Sie diese Umwelteinflüsse besser verkraftet.«

Am Nachmittag ein Abschlußgespräch mit der Psychologin. Ich erzähle hauptsächlich von meiner Belastung durch meine Mutter: daß eine bestimmte Zukunftsvision wie ein Druck auf mir lastet, nämlich, sie in mein Haus aufnehmen zu müssen, wenn sie kränker oder pflegebedürftig wird, wozu ich mich moralisch verpflichtet fühle und was ich ihr versprochen habe. Ich fürchte, daß ich dann keine Zeit mehr für meinen Beruf habe.

Frau Dr. G. sieht das alles ein bißchen lockerer. Sie meint, die Pflegebedürftigkeit müsse ja nicht »notgedrungen« eintreten. Sie rät mir, eine Einweisung in ein Altersheim, die ich offensichtlich im Augenblick ablehnte, wenigstens einmal »von der anderen Warte aus« zu bedenken. Nämlich unter dem Aspekt, daß meine Mutter für meine Familie eine Belastung bedeute, was sie sicher nicht wolle und gewiß dann auch spüren werde, während sie in einem Altersheim wesentlich mehr Eigenständigkeit bewahren könnte, mehr Anschluß an Gleichaltrige und vielleicht Gleichgesinnte fände und womöglich nicht so einsam wäre.

Sie jedenfalls, sagt Frau Dr. G., sehe nicht nur die negativen Seiten, das »Abschieben« der alten Leute in Altersheime, sondern auch manchen positiven Aspekt, vor allem das gemeinschaftliche Leben mit Menschen in gleicher Situation. Das komme natürlich sehr auf die Qualität des Heimes an. Sie kenne einige alte Menschen, die ihr Heim und die ständige Bereitschaft von ausgebildetem Pflegepersonal sehr schätzten. »Denn pflegen können Sie Ihre Mutter ohnedies nur sehr beschränkt, da wären Sie sicher überfordert.«

Mit dem Rat, mir nicht jetzt schon graue Haare über eine Situation wachsen zu lassen, die möglicherweise – wenn überhaupt – erst in ein paar Jahren eintreten würde, endet dieses letzte Gespräch, das mir, wie all die anderen zuvor, wieder einmal Mut gemacht hat, nicht alles um mich herum so »schwarz« zu sehen, sondern lieber Auswege und Lösungen zu suchen für das, was mich beunruhigt oder bedrückt.

Donnerstag, 19. März 1987

Letzte Oberarztvisite. Mit dem Rat, mich nicht zu übernehmen, Streßsituationen nach Möglichkeit zu meiden und – wie ausgemacht – mich für eine Gruppentherapie in einer psychotherapeutischen Praxis anzumelden, werde ich von Ärzten und Schwestern entlassen.
Im Aufenthaltsraum Umarmungen und herzliches Händeschütteln. Telefonnummern werden ausgetauscht für die Zeit »danach«.
Beim Abschied von meiner Station muß ich tatsächlich die Tränen unterdrücken. Zuletzt habe ich mich hier wohl gefühlt – auch wenn ich die trostlose Zeit am Anfang nicht vergessen habe, als ich vor allem und jedem hier nur Angst hatte. Jetzt wird mir das Herz eng. Überwältigt vom Dankgefühl: für alles und jeden hier.
Mein Mann sieht sehr glücklich aus, als wir ins Auto steigen.
Mittags, ich stehe schon am Herd, bringt eine Freundin einen riesigen Blumenstrauß zur Feier meiner Entlassung. Wenn das kein schöner Empfang ist!
Ich freue mich auf das Leben.

Donnerstag, 28. Mai 1987

Ich bin nun genau zehn Wochen aus dem Krankenhaus entlassen. Die geplante Gruppentherapie habe ich auf den Winter verschoben (wenn ich sie überhaupt noch mache). Im Moment brauche ich sie nicht. Ich bin gesund und glücklich.
In den Pfingstferien fahre ich mit meinen Kindern nach Paris (mein reiseunlustiger Mann ist froh, daß ich ihn nicht mehr zum Mitfahren dränge), danach mit einer Freundin nach Italien.
Anfang Juli beginnt meine Arbeit als Kulturredakteurin für eine regionale Kabel-Fernsehgesellschaft. Meine ersten Pro-

besendungen sind gut gelaufen. Ich fühle mich nicht mehr auf dem Abstellgleis. Ich habe eine neue Perspektive.

Meinen 42. Geburtstag habe ich mit 42 Leuten gefeiert, die ganze Nacht hindurch. Ich mußte dieses Fest geben, denn ich war tot und bin nun wieder lebendig. Ich verstecke mich nicht mehr unter meiner Decke.

Gestern war ich zum letzten Mal bei meinem Neurologen. Wenigstens hoffe ich das. Ich habe meine Tablettendosis jetzt auf 50 mg des Antidepressivums täglich reduziert. In drei Wochen werde ich es auf 25 Milligramm täglich reduzieren, in weiteren drei Wochen ganz absetzen. Ich habe bisher keine Verschlechterung meines Zustandes gespürt. Meine Blutwerte haben einen MCV-Wert von 92,3 ergeben – also ganz normal. Ich bin sehr froh darüber.

Meinen Arzt habe ich gefragt, warum er mich eindreiviertel Jahre mit viel zu schwachen Antidepressiva »hingehalten« habe und dazu noch in so geringer Dosierung. Seine Antwort war: »Ich wollte nicht mit stärkeren Geschützen auffahren. Doxefin nimmt man vielleicht besser unter stationärer Aufsicht – nicht alle Patienten vertragen es so gut wie Sie. Und noch eines: Ich war mir lange nicht sicher über Sie. Sie saßen von Anfang an als Häufchen Elend vor mir, das darüber klagte, es könne nicht mehr denken. Andere Patientinnen klagen bei mir darüber, sie könnten nicht mehr putzen. Ich wußte nicht, ob Sie schon chronisch depressiv waren oder nur eine frustrierte Jammerliese. Ich kannte Sie ja nicht anders.«

Wie Freundin und Familie meine
Depression erlebten

> »Frauen denken immer zuerst an andere
> und stellen ihre eigenen Bedürfnisse so
> lange zurück, bis sie nicht mehr können.
> Veränderungen der äußeren Bedingungen
> müssen ebenso erstritten werden wie
> Veränderungen der unmittelbaren
> Lebenswelt und der eigenen Person.«
> (FAZ vom 25. 5. 1987)

Margarete S., 45, Lehrerin, Mai 1987

Von heute aus gesehen, ist es mir schon fast unvorstellbar, in welchem Zustand sich meine Freundin Katharina befand, als sie endlich in die richtige Klinik kam. Von heute aus, damit meine ich speziell den heutigen Tag, den 29. Mai 1987, und speziell diese Stunde. Denn jetzt, vor zehn Minuten, ihr Anruf: ihr Engagement für eine Frau, die sie gar nicht kennt, die sich in ähnlich schlimmer Lage befindet wie Katharina vor drei Monaten, die ursprünglich *mich* um Hilfe gebeten hat (mich, die ich sie auch nicht persönlich kenne, nur telefonisch), der Hilfe zu leisten ich mich außerstande sehe, mich zu kraftlos fühle.

Vielleicht kann ich daraus rückschließen, wieviel Kraft es erfordert, einen Menschen in Not ganz zu stützen, nicht zu verlassen, auch wenn einem massive Fluchtgedanken kommen.

So ist es gewesen.

Nach ewigen kreisförmigen, ergebnislosen Diskussionen mit Katharina wollte sich die Resignation einstellen, das Abschieben auf andere, auch schon einmal die Frage, wie weit geht Freundschaft, muß ich das noch aushalten?

Es war ein langes Zuschauen, ein Vor und Zurück.

Wie es der Reihe nach gekommen ist, kann ich nicht mehr sagen, denn Katharina ist meine Freundin seit fünfzehn Jahren. Ich war schon daran gewöhnt, ununterbrochen mit ihren Problemen ihrer Umwelt gegenüber konfrontiert zu werden. Immer in der Rolle der Zurechtrückerin von Katharinas Perspektiven.

Aber in diesen langen Jahren hat es eben überwiegend gute Phasen gegeben, habe ich die Probleme auch häufig zu schnell als Problemchen gesehen, habe wohl auch zu oft ihre Angelegenheiten lächerlich gemacht. Andererseits war es mir auch unheimlich, mit welcher Geschwindigkeit sie die Schwierigkeiten abtat, beim geringsten Lichtblick behauptete, jetzt sei sie überm Berg.

Bis die nächste Krise kam.

Sie jagten sich in diesen fünfzehn Jahren, die Krisen, und manchmal – ich bitte nur, mir dies nicht als Überheblichkeit auszulegen – fühlte ich mich wie der Fels in der Brandung, auf dem ihr fragiles Schiffchen Lebensbewältigung wieder gestrandet war. Immer wieder hörte sie von mir dasselbe: Äußere deine Wünsche, setze sie selbst in die Tat um, verlange nicht von den anderen, für dein Glück zu sorgen.

Sie hatte das nicht, was man Urvertrauen nennt. Fühlte sich für alles und jedes verantwortlich. Plante für alle den Ausgang jeglichen Unternehmens und wurde zwangsläufig ununterbrochen enttäuscht.

Ihr Mangel an Aggression machte mich noch aggressiver, die ich mitansehen mußte, wie sie immer mehr in Schwierigkeiten kam. Ich könnte nicht sagen, wann genau ihre Probleme über sie hinauszuwuchern begannen. Es hat sich wohl langsam gesteigert.

Die Anrufe wurden häufiger, nahmen fast Kontrollfunktion an. »Was machst du gerade, wobei störe ich dich...«

Allmählich, ab Weihnachten 1986, wurde es üblich, daß sie täglich zu mir kam. Ich kann nicht einmal sagen, daß ich das für etwas Besonderes hielt, wir waren immer eng befreundet und haben uns oft gesehen. Aber etwas hatte sich verändert: Sie suchte Wärme, Körperkontakt, beruhigendes Streicheln.

Zuerst hatte ich nicht verstanden, was das bedeuten konnte. Ich fühlte nur, daß es ihr schlechtging und daß ich ihr im Augenblick mit meiner Zuneigung helfen konnte. Was sie mir dabei von ihren Schwierigkeiten erzählte, war mir nicht neu, und ich habe wohl auch immer ähnliche Antworten gegeben.

Zu dieser Zeit war sie schon seit längerem nacheinander bei zwei Psychologen in Behandlung, ohne großen Erfolg.

Zwischen Weihnachten und Anfang Februar kam eine Phase schlimmster Depression. Sie wollte nur noch liegen und sich nicht bewegen, dämmern, der Realität mehr und mehr entfliehen.

Sie gestand mir, daß sie trank. Ich muß sagen, daß ich es nicht geglaubt habe, denn sie war immer sehr klar in ihrer Rede, in ihrer Aufmerksamkeit.

Aber andere Verhaltensweisen verschärften sich. Sie überfiel mich mit einer Eifersucht, was Unternehmungen mit gemeinsamen Freunden betraf, die mich wiederum zu trotziger Offenheit anstachelte, weil ich dachte und ihr auch sagte, Verbergen löst nichts. In all der Zeit, in diesen zwei Monaten verstärkte sich ihr Verlangen nach kindlicher Geborgenheit, sie wollte nur noch von mir in den Arm genommen werden und keinerlei Verantwortung haben.

Nun hatte ein anderer Arzt, der Nervenarzt, ihr zu einem Klinikaufenthalt geraten. Wir alle, ihre Familie und ich, drängten sie heftig, etwas zu unternehmen. Es ging so weit, daß ich sie selbst, und darauf war ich Trottel auch noch stolz, eigentlich gegen ihren Willen zu jener Klinik in den Alpen brachte. Ich meinte, ihren Widerstand brechen zu müssen, habe regelrecht gekämpft mit ihr, sie zum Bleiben überredet. Einerseits wollte sie selbst etwas unternehmen gegen ihre Misere, andererseits hat sie wohl gefühlt, daß *das* nicht das Richtige war.

Jetzt folgte das düsterste Kapitel dieser traurigen Geschichte, denn wie zu erwarten, wollte sie umgehend wieder heim. Nach ein paar kurzen, bösen Telefonaten aus dieser Privatklinik hörte ich einige Tage nichts von ihr; rief schon einmal bei ihrem Mann an, beriet mich mit ihm, der noch hilfloser war. Ich stellte mir das Erschrecken ihrer Familie vor, wenn sie sozusagen unverrichteterdinge wieder daheim anmarschierte – was sollten sie anfangen mit ihr?

Als sie am folgenden Wochenende wieder da war, sich befangen, aber mutig wieder meldete, war ich nur noch frostig, sagte ihr, ich wüßte nicht mehr weiter.

An diesem Sonntag habe ich mir den Fuß gebrochen. Saß dann zu Hause in meinem Gips, Schmerzen, Schmerzen…

Am Montag gegen Mittag rief Katharinas Mann an. Ob er sie bringen könne, sie habe versucht, sich im Treppenhaus eines Hochhauses aus dem achten Stock zu stürzen. Sie kam, in einem Zustand, wie soll ich es nennen, verwirrt und doch klar, unfähig, selbst etwas zu entscheiden, aber sich gegen alle Entscheidungen anderer wehrend. Wie ein gefangener Tiger, ich war ihr Wärter mit Gipsbein.

Irgendwie schöpften wir dann beide die Hoffnung, daß eine Heilung auf eigene Faust doch gelingen könnte. Ich wollte sie bitten, meinen Haushalt mitzuerledigen, sie hätte dann eine Aufgabe, ich konnte ja plötzlich nichts mehr tun. Ein kleiner Versuch ließ sich ganz gut an, aber alle Beteiligten spürten doch, daß es nichts Richtiges war.

Ihre Fahrigkeit wurde so schlimm, daß sie keinen Moment mehr in der Lage war, ihre Hände ruhig zu halten. Wenn sie kam – und sie kam oft –, wollte sie nur noch wie ein Kind auf meinem Schoß liegen. Ich saß ja da wie der Ölgötze, bewegungslos im Gips.

Jetzt genierte sie sich auch nicht mehr vor meiner Familie, es war ihr alles gleich.

Seit einiger Zeit hatte sie Kontakt mit einer gemeinsamen Bekannten aufgenommen, die Ähnliches erlebt hatte, ihr auch dringend zu einem Klinikaufenthalt riet. So waren wir drei nun öfter zusammen, an meinem Fußlager, die Diskussion drehte sich immer nur um dasselbe: geh in die Klinik – mir kann niemand helfen – du hast es noch gar nicht versucht – ich weiß es ja, kenne ja diese Privatklinik in den Bergen – das war halt noch nicht das Richtige. Es steigerte sich, ich schrie sie an, sie sehe nur sich, sei eine elende Egoistin, habe es nicht geschafft, in dieser Klinik auszuharren, abzuwarten, auf den Erfolg zu warten. Ich fing an zu heulen, konnte es nicht mehr unterdrücken, sie verbot es mir, sie hat fast nie geweint in dieser Zeit, sie hat es mir auch immer wieder verboten, auch als ich aus Freude über ihren Heilungserfolg geweint habe.

Dann sagte sie, was sie so getroffen habe, sei die Formulierung: »Du hast es nicht geschafft« (in der Klinik auszuharren). Es ist auch eine scheußliche Bewertung.

Der nächste Tag bestand nur mehr aus Telefonaten. Der Zustand wurde unhaltbar.

Am Mittwoch sagten sie und ihr Mann mir, daß sie ins Klinikum in die Psychiatrie gehe. Ich war erlöst, obwohl ich wußte, daß sie es nicht wollte, immer noch nicht.

Abends rief sie an, es sei alles wunderbar. Sie hatte ein Medikament bekommen, das sie euphorisch machte.

Die nächsten Tage schleppten sich dahin. Wir telefonierten selten, sie wollte es nicht, war apathisch, hoffnungslos, an nichts interessiert.

Dann mußte ich selbst zur Operation. Wir waren jetzt im selben Krankenhaus. Sie besuchte mich täglich, wir redeten, sie war ernüchtert, fühlte sich grauenhaft, fand das Niveau auf ihrer Station unerträglich, lehnte die Teilnahme an allem ab. Sie sagte, sie werde voll Tabletten gestopft, und sonst geschehe gar nichts mit ihr.

Unsere Diskussion drehte sich wieder im Kreise.

Ich weiß nicht mehr, an welchem Tag der Lichtblick kam. Sie erwähnte so nebenbei, sie würde sich Wolle kaufen und sich zu den strickenden Frauen setzen. Ich jubelte innerlich, denn es war ihre erste Eigeninitiative seit Wochen.

Es kam ganz still, ganz unauffällig, sie hörte mir zu, als ich anfing, den falschen Glanz von meinem Bild zu kratzen, den sie in den letzten Wochen darauf gelegt hatte. Denn das vergaß ich zu sagen: Sie wollte immer ich sein, ich hätte keine Probleme, ich könne mir die Beine brechen und sei immer noch glücklich. Alles an mir verklärte sie in unglaublicher

Weise. Allmählich spürte ich bei ihr Verständnis dafür, daß auch bei mir Schwierigkeiten zu überwinden seien, daß auch ich etwas aushalten und immer wieder zu lösen versuchen müsse, wie eben jeder Mensch.

Wir redeten jeden Tag. Es war schön.

Eines Abends nahm sie mich mit auf ihre Station; es war Fasching, alles dekoriert, die Schwestern hatten sich bunt bemalt. Sie zeigte mir alles, sie schämte sich nicht mehr.

Aber da wußten wir schon, daß es aufwärts ging. Und sie kam schrittweise voran, eigentlich mit Siebenmeilenstiefeln, ich konnte es oft gar nicht glauben. Ehrlich gesagt, ich dachte damals, das Hauptverdienst läge bei den Medikamenten.

Es ist auch ganz egal, wo die Hilfe herkam, es war ein gutes Zusammenwirken. Und weil mich Gefühle auf so einer Ebene Katharina gegenüber eigentlich nie getäuscht haben, war ich sicher, sie »schaffe« es diesmal (ich habe das nie mehr gesagt, es ist ekelhaft).

Mir wurde schon manchmal angst bei ihren Höhenflügen; ich dachte an frühere schlechte Erfahrungen. Aber siehe da, es hielt; sie ist nie zu illusorisch, sie weiß nun um die Wirkung der Medikamente, und sie kann auch alles vom Kopf her erfassen (was immer einer unserer Hauptstreitpunkte war). Und die große Befürchtung, die sie anfangs immer äußerte: Was nützt es, von daheim wegzugehen, eine Therapie zu machen, wenn ich bei der Rückkehr dieselbe Situation wieder vorfinde, die hat sich nicht erfüllt; denn sie selbst hat ihre Umgebung verändert durch ihre eigene Veränderung.

Julia Bareiter, 15, Schülerin, Juni 1987

Jetzt kommt mir das alles vor wie ein Traum. Doch wenn ich dann in meinem alten Tagebuch lese, ergreifen mich wieder genau die Gefühle, die ich während der Krankheit meiner Mutter wechselnd hatte. Verzweifelte Hilflosigkeit, lähmende Angst, daß sie sich etwas antun könnte, Mitleid, im selben Atemzug Liebe und Haß.

Ich wollte sie in den Arm nehmen und trösten, und zugleich stießen mich ihr abwesender Blick und ihre starre Haltung ab.

Den Anfang ihrer Depression habe ich gar nicht richtig mitbekommen bzw., ich habe es nicht ernst genommen. Wenn sie jeden Nachmittag nur im Bett lag, nahm ich an, sie sei wirklich müde und erschöpft und das werde wieder vergehen.

Viel zu lange ließ ich mich täuschen, wenn sie ab und zu doch noch versuchte, uns die fröhliche Mutter vorzuschwindeln.

Richtig bewußt wurde mir ihr Zustand erst in der Adventszeit 1986. Wie so oft war ich bei meiner besten Freundin Birgit gewesen und hatte gesehen, wie sich deren Mutter mit kindlicher Freude daran begeisterte, das ganze Haus in eine geborgene, glückliche Weihnachtsstimmung zu bringen.

Vor Weihnachten kam es so weit, daß ich meine Mutter regelrecht haßte, weil sie uns das Fest der Liebe so gründlich durch ihre schleppende, starrte Art vermieste. Immer noch konnte ich nicht verstehen, warum sie diesen Zustand nicht einfach änderte. Ich konnte nicht glauben, daß sie nicht mehr in der Lage war, ihr Leben selbst zu gestalten.

Immer öfter war ich in der folgenden Zeit bei Birgit, weil mir daheim die Decke auf den Kopf zu fallen schien. Ich traute mich zu Hause nicht mehr, glücklich zu sein. Sofort hatte ich ein schlechtes Gewissen gegenüber meiner Mutter. Aber Traurigkeit zeigte ich vor Mami auch nicht – ich wußte, daß sie sich sonst auch noch Vorwürfe machen würde, das Leben ihrer Kinder zu zerstören.

Sooft ich konnte, ging ich zu Birgit nach Hause. Dies war meine zweite Heimat geworden. Ich genoß die liebevolle, fröhliche Atmosphäre dort und konnte sogar für einige Stunden meine Mutter vergessen, die sonst ständig wie ein drohender Schatten vor mir stand.

So richtig geredet habe ich mit Birgit darüber nicht. Ich wollte es zwar, aber ich konnte nicht. Es wäre mir wie Verrat gegenüber meiner Mutter vorgekommen. Der einzige Zufluchtsort war zuerst mein Vater. Er versuchte, mir sein angelesenes Wissen über Mamis Krankheit begreiflich zu machen. Durch seine ruhige, besonnene Art wurde ich immer wieder sicher und beruhigte mich mit der Vorstellung, es sei alles gar nicht so schlimm.

Rapide verändert hat sich meine Einstellung jedoch Anfang Januar, als ich bemerkte, daß meine Mutter anfing zu trinken. Das war ein furchtbarer Schock, als ich sah, daß der Grund, warum sie neuerdings so viel am Eßzimmerschrank zu tun hatte, eine offene Flasche Sherry darin war. Ich dachte, jetzt sei alles aus und aus diesem Teufelskreis komme sie nie wieder heraus. Anfangs versuchte ich noch, mit ihr darüber zu sprechen, aber als es keine Wirkung hatte, ließ ich es wieder bleiben.

Die stumme Verzweiflung wuchs von Tag zu Tag, doch ich setzte alle Hoffnung auf meinen Vater und die Freundin meiner Mutter.

Im Januar ging alles so schnell, der Griff zur Flasche wurde immer häufiger. Aber mir fielen ihre schleppende Art und ihr abwesender Blick gar nicht mehr als unnormal auf.

Dann kam der Tag, an dem sie zum ersten Mal betrunken war. Als ich nachmittags von der Schule kam, fiel mir nur ihre etwas langsame, unsichere Gangart auf, aber ich dachte nichts Schlimmes. Später kam mein Vater zu mir ins Zimmer und erzählte mir, daß er sie heute früh betrunken auf der Treppe gefunden habe. Er war immer dafür, mit offenen Karten zu spielen. Es war das erste Mal, daß mein Vater ängstlich und unsicher wirkte. An diesem Abend hatte ich entsetzliche Angst. Ich sperrte mich in mein Zimmer ein, weil ich dachte, sie brächte uns alle um. Es war Ende Januar, und ein Hoffnungsschimmer war die Klinik in den Alpen, wohin sie am Ende dieser Woche gehen sollte.

Ich zählte die Tage bis zur Abfahrt, und als sie fort war, wich der ganze Druck von mir. Ich konnte nicht aufhören mit dem Heulen, weil ich dachte, diese entsetzliche Zeit hätte jetzt endlich ein Ende.

Ich genoß diese eine Woche, konnte wieder Mensch sein und brauchte keine Angst mehr zu haben, daß sie sich etwas antue. Ich war richtig froh, daß sie endlich weg war. Bei ihren Anrufen wirkte sie optimistisch und fröhlich, was sich auch auf mich übertrug.

Nach einer Woche sagte mein Vater, daß er sie morgen wieder heimholen werde, weil sie es dort nicht mehr aushalte. In diesem Moment fiel die ganze Hoffnung in mir zusammen. Ich haßte sie, weil sie nicht einmal die Willenskraft hatte, den Erfolg eines Heilungsversuches dort unten in der Klinik abzuwarten.

Als sie am nächsten Tag mittags wieder in der Küche stand, konnte ich mich nur mühsam beherrschen, ihr nicht zu deutlich zu zeigen, wie böse ich auf sie war.

Am Nachmittag flüchtete ich vor ihr zu Birgit, bei der ich zuerst nur heulte. Ich hielt es nicht mehr aus. Liebe, Haß, Mitleid, Angst – alles kam zusammen, und ich dachte, diesem Druck nicht mehr standhalten zu können. Ich wußte, daß es keine Hoffnung mehr gab. Der Klinik hatte sie sich verweigert, eine Selbstheilung schien ausgeschlossen, also blieb nur noch eines: Sie würde Selbstmord begehen.

Es wurden furchtbare Tage. Ich sah, daß es für meine Mutter keine Rettung mehr geben würde – gefangen in ihrem falschen Stolz. Sie weigerte sich, in das hiesige Krankenhaus zu gehen, aus Angst, Nachbarn und Freunde könnten dahinterkommen.

Nach zwei Tagen konnte ich nicht mehr heulen, geblieben war nur noch diese entsetzliche Angst, die mich umklammerte wie eine schwarze Hand.

Nach weiteren zwei Tagen konnte ich der schlimmen Situation endlich entfliehen. Ich fuhr mit meiner Klasse ins Skilager. Ich war frei, weil ich für eine lange Woche keine Verantwortung tragen mußte. Ich ahnte nicht, daß dies die schlimmste Woche überhaupt daheim werden würde. Meine Mutter wollte wirklich Selbstmord begehen, worauf mein Vater sie mehr gewaltsam als mit ihrer Zustimmung in die Klinik brachte.

Die ersten Wochenenden, an denen sie nach Hause kam, ließ ich über mich ergehen und war froh, wenn sie wieder weg war. Ich mußte mich erst langsam an ihre wiederkehrende Lebensfreude und ihre aktive Haltung gewöhnen.

Als sie wieder nach Hause kam, konnte ich nicht glauben, daß das meine Mutter war: aktiv, glücklich, voller Freude am Leben. Das Schönste an ihrer Heilung aber ist, daß sie nicht mehr meine Mutter ist: Sie ist meine Freundin geworden.

Fabian Bareiter, 14, Schüler, Juni 1987

Am Anfang haben wir alle ja gar nicht recht gemerkt, was mit meiner Mutter los war.

Ich weiß noch, was für ein Schock es für mich war, als sie Anfang Dezember 1986 einmal mit mir sprach und mir klar wurde, wie schlecht es ihr ging. Wenn ich mich auch zunächst noch ein wenig in sie hineinversetzen konnte, so konnte ich ihre Depressionen nie wirklich verstehen, besonders, weil sie so etwas, wenn auch tausendmal leichter, schon länger gehabt hatte, es aber im Frühjahr dieses Jahres scheinbar überwunden war. Damals fuhr sie mit mir nach Italien.

Als es ihr dann immer schlechter ging, wurde die Belastung auch für mich immer schlimmer, weil ich ja stets außerhalb der Familie Menschen um mich hatte, die solche Probleme zu Hause nicht kannten. Oft hatte ich auch Angst um meine Mutter, weil ich spürte, daß es mit ihr nicht besser wurde, sondern im Gegenteil immer schlimmer.

Um so froher war ich, als sie sich endlich entschlossen hatte, in eine Klinik in den Bergen zu gehen; eine Entscheidung, die sie noch kurz vor ihrer Abfahrt rückgängig zu machen versuchte. Als sie dann dennoch in dieser Klinik war, fühlte ich mich schon ein bißchen erleichtert, vielleicht, weil ich sie mit ihren Problemen nicht mehr ständig um mich hatte, aber auch, weil ich hoffte, daß man ihr in der Klinik helfen konnte. Sicher war ich mir freilich nicht.

Ich war also keineswegs überrascht, als sie schon nach einer Woche wieder heimkam, ich hatte das geradezu kommen sehen. Schockiert war ich aber über ihren unverändert schlechten Zustand. Sie war zwar froh, daß sie wieder bei uns war, es war aber auch typisch für ihre Depressionen, daß sie zugleich wieder wegwollte. Sie sagte, wir würden sie nicht bei uns haben wollen, weil sie uns mit ihrer Krankheit nur belaste. Ich machte mir aber nicht allzu viele Gedanken, weil wir in der nächsten Woche mit der Schule in ein Skilager fuhren und ich mich sehr darauf freute.

Als wir davon zurückkehrten, sagte uns unser Vater, daß sie jetzt in der Psychiatrie im hiesigen Klinikum sei. Auch das überraschte mich nicht, ich hatte ja gemerkt, daß es anders nicht weiterging. Ich hoffte wieder, daß es diesmal besser klappen würde, aber nach der negativen Erfahrung von ihrem ersten Klinikaufenthalt hatte ich eigentlich keine allzugroßen Erwartungen.

Es war dann wirklich erstaunlich, wie es ihr nach einiger Zeit von Mal zu Mal, wenn wir sie sahen, besser ging. Ich wurde auch zuversichtlicher, als ich erfuhr, daß der Vater eines Schulkameraden ebenfalls in der Psychiatrie in diesem Klinikum war, weil ich daran sah, daß wir mit unseren Problemen nicht allein waren. Trotzdem war es für mich geradezu unfaßbar, daß ihr Zustand plötzlich so gut wie schon lange nicht mehr war und es ihr immer besser ging.

Als ich die Depressionen meiner Mutter zum ersten Mal richtig mitbekommen hatte, damals Anfang Dezember, fragte ich mich, wie alles wohl in einem halben Jahr sein würde. Jetzt weiß ich es – und die Heilung wirkt für mich fast wie ein Wunder.

Immer wieder, während die Depression meiner Frau schlimmer wurde, fiel mir der blöde Witz ein, den unser (bayerischer und allen »Amerikanismen« gegenüber unfreundlich eingestellter) Griechisch-Lehrer uns vor dreißig Jahren erzählt hatte: von dem (selbstverständlich amerikanischen) kleinen Jungen, der sich unter Geschrei und Tränen weigerte, das Flugzeug mit seinen Eltern zu besteigen. Ein Psychologe kam, es half nichts. Ein Psychiater wurde zugezogen, ohne Erfolg. Bis ein (bayerischer) Fluggast dem Jungen etwas ins Ohr flüsterte. Daraufhin bestieg der lächelnd und artig das Flugzeug. »Meister«, so Psychologe und Psychiater, »verraten Sie uns Ihr Geheimnis!« – »Ja mei, i hab eahm g'sagt, wenn er net sofort aufhört und neigeht, kriagt er a Riesnwatschn von mir.«

Es war aber auch merkwürdig: Je liebevoller und verständnisvoller man mit Katharina umging, je mehr man auf sie einzugehen versuchte, desto apathischer war sie, lag mit weit offenen Augen auf dem Bett, die Decke bis zum Kinn, starrte die Zimmerdecke an. Unvermittelt stand sie dazwischen immer wieder auf, ging beinahe demonstrativ zum Barschrank, griff sich eine Flasche und »schluckte«. Fuhr ich sie aber an, sie solle sich nicht so gehenlassen, mir gehe das dumme Theater fürchterlich auf die Nerven, es gebe Millionen von Menschen, denen es, im Gegensatz zu ihr, tatsächlich schlechtgehe, stand sie auf, machte wieder etwas, redete, verteidigte sich.

Monatelang hatte sie Bücher über Depressionen gelesen (genaugenommen las sie nichts anderes mehr), und monatelang hatte ich den Eindruck gehabt, sie »demonstriere« uns nur das, was sie sich angelesen hatte, um uns auf sich aufmerksam zu machen, und steigere sich immer mehr hinein, selbst das zu haben, wovon sie las. Bestätigt fühlte ich mich dabei durch die Ärzte, Psychiater und Psychologen, die sie aufsuchte und immer schneller wechselte, wenn diese erklärten, eigentlich fehle ihr nichts.

Das war mein und damit sicher noch mehr ihr Problem: Ich

nahm ihre Depression nicht ernst, konnte mich auch nicht allzusehr einfühlen in ihre Situation. Wenn sich jemand ein Bein bricht, Kopfschmerzen hat oder Herzbeschwerden, das kenne ich oder kann es mir vorstellen. »Depressionen« dagegen ähnelten für mich dem gelegentlichen »Weltschmerzgefühl« am Ende einer langen Nacht, mit zuviel Alkohol, zuviel Erinnerungen, zuviel Gelabere und mit einem »Kater« am nächsten Morgen. Ich konnte mir nicht vorstellen, auch wenn ich davon las, auch wenn Katharina davon erzählte, daß man in diesem »schwarzen Loch« blieb – wenn man nur ein bißchen den »guten Willen« hatte, da herauszukommen.

Eigentlich erst, als sie mir von einem Selbstmordversuch in einem nahegelegenen Hochhaus erzählte, bekam ich es mit der Angst zu tun. Nicht, daß ich dachte, sie würde sich wirklich umbringen (wollen)! Aber ich war mir meiner Einschätzung doch nicht sicher; zum anderen fürchtete ich, sie könne uns »beweisen« wollen, daß es ihr »ernst« war. Ich war absolut ohne Gespür, unsensibel, fast auch ohne Mitleid. Vielleicht hätte ich, wäre ich ein Außenstehender gewesen, Katharina besser verstanden; so ärgerte ich mich nur über das lieblos hingestellte Essen, das Fleisch oft verbrannt und zäh, das Gemüse verkocht, die Suppen versalzen. Mir grauste vor ihren blutigen Monatstampons, die sie, in Klopapier eingewickelt, auf irgendeinen Schrank gelegt und dort dann vergessen hatte. Ich empfand es mehr als peinlich, wenn sie ihre Mutter mit recht rüden Worten abkanzelte, einmal sogar mit einer Bildrolle hilflos auf sie einzuschlagen versuchte.

Beunruhigt war ich auch in den Wochen vor ihrem Selbstmordversuch, weil Katharinas Freundin Margarete, die sonst so gelassen war, wegen ihres Verhaltens oft außer sich geriet. Sie, die im Gegensatz zu mir spürte und merkte, daß eine Katastrophe nahe bevorstand, und die wohl Katharinas einzige Hilfe und Stütze in dieser Zeit war. Vielleicht deshalb hatte Katharina auch ihre ganze noch vorhandene schwache Kraft auf Margarete konzentriert: Wie ein eifersüchtiger, aggressiver Liebhaber verfolgte sie ihre Freundin. Ging Margarete mit anderen aus, ereiferte sich Katharina über diese »Gemeinheit«, diesen »Verrat«, machte die anderen unglaublich schlecht. Einmal war Margarete über das Wochenende mit ihrer Familie und einem (auch mit uns) befreundeten Ehepaar in deren Wochenendhaus gefahren: Immer wieder lief Katharina zum Telefon, versuchte dort anzurufen, wurde unruhiger und unruhiger, schimpfte, zitterte, trank. Ich dachte, die beiden hätten ein lesbisches Verhältnis; ich kam mir recht blöd vor, als ich sie danach fragte. Zumindest bewirkte diese Frage dann, daß sie ihre hektischen Versuche, dort anzurufen, aufgab.

Ich bin sicher, daß Katharina mir und meinem Verhalten in unserer zwanzigjährigen Ehe sehr viel »Schuld« an ihrer Depression zumißt. Dazu möchte ich nichts sagen. Nur, wenn sie schreibt, sie sei stets »die Schwache« und ich immer »der Starke« in dieser Ehe gewesen (im Klartext wohl: ich hätte »befohlen«, und sie habe »gekuscht«), dann ist dies nicht richtig. Ich kann mir nicht erklären, wie sie zu dieser Einschätzung kommt. Sie denkt aber oft in solchen Schwarzweißkategorien. Das Wort »Partnerschaft« ist ihr, nicht nur in der Ehe, sehr fremd.

Sehr schwer war diese Zeit für unsere Kinder. Julia sah wohl häufig keine Zukunft mehr. Sie hat oft geweint, wobei sie sich alle Mühe gab, mich nichts merken zu lassen. Fabian hat, glaube ich, nie die Hoffnung aufgegeben, die Depression von Katharina könne geheilt werden, werde also auch geheilt. Er hat immer wieder mit Logik, mit Überzeugung versucht, Katharina zu bewegen, in ein Krankenhaus zu gehen.

Wir alle drei waren dann geradezu erlöst, als Margarete Katharina in diese Klinik in den Bergen fuhr. Alle drei nicht gerade übertrieben ordnungsliebend, haben wir als erstes zwei Stunden lang aufgeräumt und das Haus »in Ordnung gebracht«. Keiner hatte etwas gesagt, alle drei machten wir plötzlich das gleiche. Wir haben den Haushalt »organisiert«, festgelegt, wer was zu tun hatte. Das übernahmen wir auch dann, als Katharina in die hiesige Psychiatrie kam. Die beiden Kinder waren großartig. Sie hatten Angst um ihre Mutter, teilweise auch Angst vor ihr, aber sie nahmen sie und ihre Krankheit ernst. Das habe ich allmählich von ihnen gelernt.

Die Euphorie hält
der Realität nicht stand

Die Rückfälle
und der Neuanfang

> »Inzwischen sind die Mediziner in
> ihrem Kampf gegen die Depression so
> erfolgreich, daß sie – trotz aller Rätsel,
> die das Leiden immer noch aufgibt –
> eine ermutigende Bilanz ziehen: Über
> 80 Prozent aller Kranken dürfen damit
> rechnen, daß ihre Qualen unter Kontrolle
> gebracht werden können.«
>
> (STERN vom 2. 5. 1991)

August bis Dezember 1987

Anfang Juli hatte ich einen Rückfall in die Depression. (Daß
er mich diesmal für ein halbes Jahr lahmlegen sollte, ich viereinhalb Monate in der Klinik zubringen würde, wußte ich zu
diesem Zeitpunkt natürlich noch nicht.) Ich kann den Grund
nur vermuten: Die Reise mit meiner Freundin war ein kleines
Fiasko. Es gab Reibereien mit anderen Teilnehmern, ich habe
viel Ärger runtergeschluckt, keinen Streit riskiert, um des Ur-
laubsfriedens willen. Das alte Harmoniebedürfnis: Konflikte
kann ich nicht offen austragen, passe mich lieber an. (Warum
immer ich? Bin ich feig?)
Während meine stabilere Freundin die ungute Situation nicht
belastete, wehrte sich bei mir schon wieder der Magen – mit
Schmerzen. Nach der Rückkehr aus Italien schaffte ich meine
erste TV-Sendung nicht, war unsicher, zittrig, nervös. Die
Sendung platzte. Dieser Mißerfolg warf mich um.
Ich hatte wieder furchtbare Angst vor dem Morgen. Vor dem
Übermorgen.

Ich rief in der Klinik an. Dr. D., mein Stationsarzt, riet mir, die jetzige Dosis von 25 mg des Antidepressivums – kurz vor dem Absetzen – wieder auf 200 mg zu erhöhen. Was ich auch tat, was aber nichts half. Ich konnte mich auf keine Arbeit mehr konzentrieren, mußte alle TV-Termine absagen, mich bei den Kollegen »krank«melden.

Ich wurde von Tag zu Tag innerlich aufgeregter, zitterte schon beim Kaffeekochen. Ich trank auch wieder tagsüber – nach Monaten ohne Alkohol!

Mein Neurologe, den ich in seiner Praxis aufsuchte, riet mir von einem erneuten Klinikaufenthalt ab. Ich solle wegen dieses Rückfalls nicht gleich »hysterisch« werden.

12. August: Mein Mann fährt mich trotzdem in die Klinik, als Notfall. Ich halte die Angst und die innere Unruhe nicht mehr aus. Kann mich nicht einmal selbst anziehen...

Auf meiner Station sind immer noch einige Patienten, die ich schon von meinem ersten Aufenthalt her kenne. Auch Erika, die mich tröstend in den Arm nimmt. Sie freut sich auf ihre Entlassung – ich weine in ihren Armen. Unter den neuen Gesichtern wieder eine junge Mutter, mit einem Baby diesmal.

Eine Hiobsbotschaft von den Schwestern: Meine vertrauten Ärzte, Dr. D. und Oberarzt von P., sind in Urlaub. Sie werden vertreten von zwei neuen Ärztinnen. Zudem gab es auf der Station einen Psychologenwechsel.

Ich kenne also niemanden hier, zu dem ich Zutrauen habe. Ich bin verzweifelt.

Beim ersten Gespräch mit dem Psychologen merke ich, daß er mir nicht weiterhelfen kann. Ich habe keinen Draht zu ihm. Er lacht mir zuviel, ist mir zu sehr Sonnyboy.

Die junge Stationsärztin, Frau Dr. Z., hat offensichtlich meine Akten studiert. Nach der zweiten Visite gewinnt sie mein Vertrauen. »Sie sind zu dünnhäutig«, meint sie. »Zu leicht verunsichert. Wenn etwas schiefgeht, denken Sie: Alles geht schief. Wenn Sie *eine* Absage bekommen, denken Sie: Ich bekomme *nur* Absagen.« (Das gleiche hat mir der Stationsarzt Dr. D. auch immer gesagt. Also wird es wohl stimmen.)

Frau Dr. Z. rät mir, künftig nicht »draußen« wochenlang immer tiefer ins Trinken und in die Depression abzurutschen, sondern bei den ersten Anzeichen eines Rückfalls lieber gleich in die Klinik zu gehen. (Das Gegenteil von dem, was mir mein Neurologe riet.)

Meine MCV-Werte liegen bei 93, sind Gott sei Dank nur leicht erhöht. Die Ärztin fragt nach meinen Trinkgewohnheiten. Ich berichte von meinen täglichen Schlucken aus der Flasche in der letzten Zeit. »Ihr Körper verträgt da offensichtlich nicht viel. Er reagiert sehr stark auf Alkohol. Vor allem bei harten Sachen am Morgen. Zwei Schoppen Wein am Abend, auf vollen Magen, lassen sich besser vertragen.«

Ich muß einen Reaktionstest machen, den ich überdurchschnittlich gut bestehe. Ich darf also weiterhin mit dem Rad oder dem Auto meine Familie besuchen.

Statt des Doxefins bekomme ich jetzt ein anderes, wesentlich stärkeres Antidepressivum (mit dem Wirkstoff Amitryptilin), 175 mg pro Tag. Und dazu täglich sechs »chemiefreie« Tabletten mit der natürlichen Aminosäure Tryptophan. (Spätere Anmerkung: Dieser Wirkstoff wird – nach Prozessen in den USA – heute nicht mehr bei Depressionsbehandlungen angewendet!) Außerdem gehören zu meiner Ration noch vier Beruhigungstabletten und »nach Bedarf« ein Tranquilizer. Macht zusammen 14 Tabletten pro Tag. Der Nachteil dieser vielen Medikamente: Sie erzeugen Mundtrockenheit. Ich habe ständig das Gefühl, daß meine Zunge am Gaumen klebt und ich verlangsamt spreche. Auch die anderen Patienten klagen über diese lästige Nebenwirkung.

Erstmals wird mir nun auch der Schlafentzug verordnet. Er soll besonders bei endogenen Depressionen helfen – und die beiden Ärztinnen halten inzwischen meine Depression »mindestens zur Hälfte« für endogen. Das bedeutet, erklären sie mir: körperlich verursacht durch Störungen des Stoffwechsels im Gehirn.

Wir Patienten werden durch Aufklärungsblätter über den »Schlafentzug als sinnvolle Begleitmaßnahme« informiert. Darin lese ich, daß »wiederholter Schlafentzug während der

Antidepressiva-Behandlung die Therapiedauer abkürzen kann und zur Prophylaxe bei periodisch wiederkehrenden Depressionen empfohlen wird«.

Ich habe trotzdem ein wenig Angst, meine erste durchwachte Nacht nicht durchzustehen. Aber dann klappt es ganz gut. Wir sind ein vom Schicksal bunt zusammengewürfeltes Häuflein: eine Rentnerin, ein Student, ein Postbeamter, ein junger Arzt (ohne Stelle nach dem Studium), die Nachtschwester und ich. Wir sehen zuerst bis zum Sendeschluß fern (wobei ich nichts aufnehme), spielen dann Karten und Tischtennis, kochen uns alle paar Stunden einen starken Kaffee. Im Morgengrauen gehen wir im Garten spazieren und warten auf die Frühgymnastik, die zu dieser Jahreszeit im Freien stattfindet.

Der Schlafentzug bekommt mir recht gut. Ich fühle mich am nächsten Tag nicht ganz so hoffnungslos wie an den Tagen zuvor.

Die Müdigkeit nach dieser schlaflosen Nacht überfällt mich und die anderen erst am übernächsten Tag. Eine bleierne Müdigkeit.

Weil dieser erste Schlafentzug gut angeschlagen hat, werde ich nun jede Woche dazu eingeteilt. Achtzehnmal, viereinhalb Monate lang.

Einmal werde ich zwischendurch, Anfang September, »auf Probe« entlassen. Auf meinen Wunsch, weil ich mich geheilt fühle. Aber schon am nächsten Tag kehre ich reumütig in die Klinik zurück. Ich bin meinem Alltag noch nicht gewachsen.

Ich habe den Eindruck, daß ich mich im Krankenhaus relativ schnell wieder stark und frei von Depressionen fühle. Unter ebenfalls Kranken werde ich rasch wieder aufgebaut. Aber zu Hause, als einzig Kranke unter lauter Gesunden, ist mein Rückfall schon vorprogrammiert, falle ich sofort wieder in die Unsicherheit und das Zittern zurück, holt mich die Depression gleich wieder ein.

Dr. D., aus dem Urlaub zurück, bestätigt diesen Eindruck. Er spricht von der »Schutzfunktion«, die das Krankenhaus für

Depressive habe. Er rät mir ab, bei jeder Besserung meiner Stimmung gleich nach Hause zu gehen. Statt dessen solle ich mal einige Wochen (noch mal einige Wochen!) in der Klinik abwarten, ob die akute Depression auch wirklich vorbei sei.

Ich beuge mich diesem Rat. Obwohl mir die Zeit gerade im Sommer furchtbar lang vorkommt. Beschäftigungs- und Musiktherapie fallen abwechselnd aus, weil die Therapeuten in Urlaub sind. Bleibt nur das Sportangebot, das ich vom morgendlichen Joggen durch den Krankenhausgarten über das Konditionstraining bis zur Wassergymnastik voll ausnutze. Auch wenn ich mich richtig dazu zwingen muß.

Die meiste Zeit verkrieche ich mich wieder in meinem Zimmer, kann nichts lesen, mich auf nichts konzentrieren, fühle mich geistig gelähmt.

Meine Gespräche mit Dr. D. und Oberarzt von P. drehen sich immer um dasselbe Thema:

Warum kam dieser Rückfall? War er (was sie beide vermuten) schon vorprogrammiert durch mein neurotisches Denken? Was ist an meinem Denken »neurotisch«?

Da sind sie beide immer der gleichen Meinung: »Neurotisch an Ihrem Denken ist die Koppelung: Mißerfolg heißt für Sie, Sie sind nichts wert, jeder Mißerfolg geht also an den Kern Ihrer Person. Daher die gedankliche Überbetonung des Negativen und Ihr zu geringes Selbstbewußtsein. Weil Sie Ihr Selbstbewußtsein fast ausschließlich aus äußeren Erfolgen beziehen, können Sie Mißerfolge so schlecht verkraften. Sie können Ihr Selbstwertgefühl doch nicht ständig an Ihrer äußeren Umgebung festmachen – an Ihrem Mann, Ihren Kindern, Ihrem Beruf. Solange jeder Mißerfolg für Sie fast einen Weltuntergang bedeutet, kommen Sie immer wieder zu uns in die Klinik. Sie müssen noch lernen, sich besser dagegen zu wappnen.«

Und immer wieder der Rat, nach fast jeder Visite, mir für die Zeit *nach* der Klinik einen Therapeuten zu suchen, der in Gruppentherapie oder in einer tiefenpsychologischen Analyse dieses Problem mit mir angeht...

Mitte September mache ich mir große Vorwürfe, so lange schon im Krankenhaus zu sein. Die Kinder haben wieder Schule und können die Haushaltsarbeiten nicht mehr so leicht wie vorher in den Ferien übernehmen. Das wächst sich bei mir fast zu einem Schuldkomplex aus – obwohl die ganze Familie ständig versichert, mit Hilfe der Zugehfrau sei das alles »locker zu schaffen«.

Ich möchte gern heim. Spüre aber genau, daß ich mein Leben zu Hause nicht in den Griff bekäme. Ich *möchte, kann* aber nicht. Ich weine jetzt sehr viel, bin unruhig und fahrig, verkrieche mich in meinem Zimmer, wenn keine Therapiestunden anstehen. In der Konfliktgruppe mit unserem neuen Psychologen schweige ich. Die anderen Patienten kann ich nur schlecht ertragen, weil es mir selbst so schlecht geht. Immer weiter bergab geht es mit mir.

Am 16. September bestimmt Oberarzt von P. bei der Visite, daß mir das Antidepressivum künftig als Infusion zu geben ist, »da geht es schneller ins Blut über«. Eine Woche lang hänge ich abends für ein paar Stunden am Tropf.

Meine Gedanken kreisen ewig um dasselbe Problem: Warum muß ich mit dieser Krankheit dafür bestraft werden, daß ich so unglücklich bin? Daß ich mein Leben nicht bewältige – so wie die anderen? Warum bin ich depressiv? Warum ich? Bestrafe ich mich selbst mit Depressionen dafür, daß ich meinen Mann, meine Kinder nicht genügend liebe, nicht ausgefüllt bin, unbedingt dazu noch den Beruf und die Karriere will, all das aber nicht schaffe?…

Ich habe die Klinik so satt nach nunmehr fünf Wochen.

Am Ende der Infusionswoche geht es mir besser, hellt sich meine Stimmung auf. Dr. D. teilt mich in seine Depressionsgruppe ein (er startet damit einen neuen Versuch auf dieser Station). Wir sind zu acht in dieser Gruppe, sitzen einmal pro Woche für zwei Stunden zusammen im Kreis. Wir bekommen schriftliche Informationen über unsere Krankheit, besprechen Ursachen und Charakteristika einer Depression. Später führen wir Selbstbeobachtungsprotokolle, listen in Fragebögen unsere »positiven« Aktivitäten auf, tragen unsere

Tagesstimmung in Bewertungskurven (von plus 6 bis minus 6) ein.

Außerdem halten die Schwestern nun jeden Abend mit uns ein Entspannungstraining ab. Manchmal legt sich dabei meine innere Unruhe…

Die Schlafentzüge überstehe ich von Woche zu Woche besser. Einmal bekomme ich während der Nacht einen Weinkrampf, heule zwei Stunden bei der Nachtschwester, sie tröstet mich rührend, spricht mir Mut zu, »nicht aufzugeben«.

In diesen durchwachten Nächten lerne ich viel, vor allem, alte Vorurteile abzubauen. Zu unserer Gruppe stoßen auch Patienten von anderen Stationen, teilweise aus geschlossenen Abteilungen. Die wundern sich über unseren Komfort – höchstens zwei Patienten in einem Zimmer –, sie kennen nur Drei- oder Vierbettzimmer. (Und ich fühle mich privilegiert mit meinem Einzelzimmer, trotz der dritten Klasse.) Unter diesen »Gästen« auf unserer Station sind auch Typen, die ich im »realen« Leben lieber meide. Hier in der Klinik laufe ich im Morgengrauen mit ihnen um die Wette, nachdem wir uns während der Nacht des Schlafentzugs gut unterhalten haben – auf der Basis unserer gemeinsamen Krankheit sind wir uns gleich, und sie werden mir fast sympathisch. Vor allem, wenn sie von ihren Problemen erzählen: war ich doch bisher der Meinung, solche Probleme hätte nur ich allein…

Mit dem Aufwind, den mir die Schlafentzüge bringen, geht es mir auch zu Hause an den Wochenenden kontinuierlich besser. Die Hochs dauern immer länger an.

Am Freitag, dem 16. Oktober, werde ich auf meinen Wunsch hin für zehn Tage in einen »Belastungsurlaub« entlassen. Um zu testen, ob ich zu Hause diesmal schon allein mit mir zurechtkomme. (Belastungsurlaub heißt: Formal bleibe ich in der Klinik angemeldet, kann jederzeit ohne Neuaufnahmeantrag zurückkehren, mein Zimmer bleibt mir reserviert.)

Ich bin zuversichtlich, diese »Belastung« diesmal durchzustehen. Versorgt mit einer ganzen »Apotheke«, der Wochen-Ration meiner Tabletten. Ich freue mich. Meine Familie freut sich auch.

Doch schon am Dienstag, dem 20. Oktober, fährt mein Mann mich vorzeitig zurück in die Klinik. Ich habe einen Rückfall, bin depressiver als zuvor, furchtbar unruhig und so zittrig, daß ich die Tasse kaum halten kann.

Einige Tage liege ich wieder untätig im Bett, bin von den Therapiestunden befreit. Und ich denke nur: Lieber Gott, hilf mir. Laß ein neues Wunder geschehen!

Nach weiteren fünf Schlafentzügen, die sich von Mal zu Mal positiver auswirken, werde ich wieder auf mein Drängen hin am 27. November in einen längeren Belastungsurlaub entlassen. Ausgerechnet an meinem 20. Hochzeitstag. Es geht mir prächtig, ich fühle mich wie neugeboren.

Schon ein paar Tage später ist die Zuversicht verflogen. Die Hausarbeit macht mir mehr zu schaffen, als ich dachte. Ich packe meinen Koffer und kehre (eine Woche zu früh) reumütig zurück in die Klinik. Habe ich mir zuviel zugemutet?

Ich schäme mich furchtbar vor den anderen Patienten. Tuscheln sie schon wegen dieses Hin und Her? Natürlich tuscheln sie nicht. Sie haben Mitleid mit mir, weil ich wieder so schlecht aussehe, »wie ganz am Anfang«.

Stationsarzt Dr. D. nimmt sich viel Zeit für mich. Ich bin ganz leer und innerlich starr, kann nicht einmal mehr weinen und halte mich an mir selbst fest. »Das sind keine Rückfälle«, höre ich, »sondern Ihre Depression ist noch nicht vorbei, die Phase dauert diesmal länger als beim ersten Mal. Aber Sie wollen das nicht wahrhaben. Sie wollen ständig viel zu früh aus der Klinik wieder nach Hause, um Ihre Familie zu entlasten. Entlasten Sie lieber mal sich selbst, anstatt sich wieder zu überfordern. Kommen Sie selbst erst zu Kräften.«

Dr. D. ändert meine Medikation erneut ab. Morgens und mittags bekomme ich jetzt ein starkes »stimmungssteigerndes« Antidepressivum mit dem Wirkstoff Clorimipramin (insgesamt 75 Milligramm), abends und nachts das bisherige Antidepressivum Amitryptilin, dazu täglich noch vier Beruhigungstabletten (100 mg). Statt des gelegentlichen Tranquilizers, den ich nur bei sehr starker innerer Unruhe erhielt, verordnet mein Arzt nun wöchentlich eine Depotspritze mit dem Neuroleptikum Fluspirilen. Er will vermeiden, daß ich nach Tranquilizern süchtig werde. Denn im Gegensatz zu den sonstigen Beruhigungsmitteln, den Neuroleptika, bestehe bei Tranquilizern eben Suchtgefahr, erklärt er mir. Die Depotspritze könne ebenso wirksam gegen meine Angst und innere Unruhe sein. (Ich bin immer froh über seine Erklärungen, fühle mich bei ihm nie als unmündige Patientin wie oft bei anderen Ärzten.)

Nach zwei Wochen geht es spürbar aufwärts mit mir. Ich tauche auf aus meinem Tal des Rückzugs und der Aussichtslosigkeit.

Nach drei weiteren Schlafentzügen werde ich am 29. Dezember *endgültig* entlassen, nachdem ich die Weihnachtsfeiertage mit all ihrem Streß im Familienkreis ohne Rückschlag über die Runden gebracht habe.

Ich fühle mich gut. Aber ganz anders als bei meiner ersten Entlassung im März dieses Jahres. Damals hielt ich mich für vollkommen geheilt und war ganz zuversichtlich – fast euphorisch, weit entfernt von dem Gedanken an eventuelle Rückschläge. Jetzt habe ich Angst davor. Berechtigte Angst?

Dr. D. sagt in unserem Abschiedsgespräch, er entlasse mich diesmal weitaus beruhigter als beim ersten Mal. »Weil Sie Ihre Krankheit jetzt realistischer sehen. Sie kennen die Gefahren und können sie meiden. Sie haben gelernt, mit Ihrer Krankheit umzugehen, und können kleinere Rückschläge inzwischen wohl auch zu Hause auffangen und bewältigen. Ganz wichtig dabei: sich tagsüber nicht hinlegen, wenn Sie sich wieder depressiv fühlen. Und tagsüber keinen Alkohol. Denn beides, Alkohol und zuviel Schlaf, begünstigt eine bestehende Depression. Mehr als acht Stunden Schlaf sind schon zuviel.«

Sein Angebot zu meiner Beruhigung: Wenn es mir stimmungsmäßig mal wieder schlechter gehe, solle ich zum Schlafentzug in die Klinik kommen. Einfach so, ambulant – weil mir die Schlafentzüge offensichtlich weiterhelfen, sie aber daheim, ganz allein, nur schwer durchzustehen sind.

Februar, 1988

Ich schaue zuversichtlich in die Zukunft.

Ein Rückschlag *kann*, *muß* aber nicht kommen, hat mein Arzt in der Klinik beim Abschied gesagt. Darauf baue ich.

Eine Psychoanalytikerin für die Weiterbehandlung habe ich endlich auch gefunden (ein paarmal bekam ich die Auskunft: »Termin erst in einem Jahr frei« – sollte ich ein ganzes Jahr warten?). Sie rät mir von einer Analyse ab, »die verkraften Sie noch nicht«, empfiehlt eine vorläufige tiefenpsychologische Gesprächstherapie. Leider »ohne Erfolgsgarantie«. Deshalb lehnt meine Krankenkasse die Übernahme der Gebühren ab. Ich muß sie (90 Mark pro Stunde) selbst bezahlen.

Schon die ersten zwei Stunden haben mir gutgetan, mich weiter aufgebaut. Die Therapeutin fragt behutsam nach meiner Kindheit, nach traumatischen Erfahrungen, will die Ursache meiner neurotischen Verhaltensweisen, der tiefliegenden Verunsicherung herausfinden.

Sie hat selbst drei Kinder und ist berufstätig. »Ohne Schuldkomplex.« Ich beneide sie um ihre innere Ruhe.

Sie gibt mir Denkanstöße, wie ich mich in dieser oder jener Situation, die ich schildere, *anders* verhalten könnte. Sie hilft mir, mein »Ich« wiederzufinden. Mich selbst wieder zu realisieren...

Beruflich muß ich leider pausieren. Der Fernsehjob ist (nach meinem halben Jahr Krankheit) natürlich längst anderweitig besetzt. Gelegentlich gibt mir meine alte Redaktion eine Schreibarbeit. Gott sei Dank, wenigstens das.

Juni 1988

Anfang Mai hatte ich einen Rückfall. Trotz meiner Gesprächstherapie von fünfzehn Stunden (1350 Mark!), die mir zwar weitergeholfen hat, mich aber nicht *geheilt* hat. Ist eine depressive Struktur überhaupt heilbar?

Ich fühlte mich in all diesen letzten Monaten beruflich auf dem Abstellgleis, ohne Chancen zu einem Wiedereinstieg. Das deprimierte mich. Als reine »Familienfrau« bin ich nicht ausgelastet, fühle ich mich nicht gefordert, spüre nur Frustration. Ich fiel wieder in das schwarze Loch, fing erneut zu trinken an, versenkte meine Enttäuschung über zwei Absagen auf Bewerbungsschreiben in Alkohol.

Diesmal hatte ich den Mut, rechtzeitig in die Klinik zu gehen, und mußte nur drei Wochen auf meiner Station bleiben.

Jetzt nach meiner Entlassung mache ich noch ein paar Schlafentzüge als ambulante Patientin, zur weiteren Stabilisierung. Ich fahre jede Woche einmal abends in die Klinik, mit einem Packen Zeitschriften und Bücher. Jetzt, da es mir wieder gutgeht, kann ich mich die Nacht hindurch voll konzentrieren. Natürlich gibt es Anfälle von Müdigkeit, dann kochen wir in der Stationsküche eine Suppe oder Tee, backen auch mal einen Kuchen, der dann im Morgengrauen gemeinsam verzehrt wird.

Nach jeder durchwachten Nacht bin ich froh, nicht in der Klinik bleiben zu müssen (und spüre bei jedem Abschied den Neid der stationären Patienten, weil ich mich in meinen normalen Alltag »draußen« entfernen darf).

Dieser Schlaf, der mir fehlt, regt anscheinend meine Gehirnzellen zu größerer Produktion an: Ich fühle mich nach jedem Schlafentzug in Hochform, manchmal fast »überdreht«. Und ich rege mit meiner Munterkeit meine Familie auf, die verschlafen am Frühstückstisch sitzt, wenn ich aus der Psychiatrie-Station nach Hause komme.

Meist sprudele ich den ganzen Tag über vor Aktivität, wasche die Vorhänge, räume den Keller auf (wozu ich sonst absolut keine Lust habe)...

Manchmal überfällt mich am Nachmittag plötzlich eine abgrundtiefe Müdigkeit, die Glieder werden schwer, der Kopf träge, ich will nur noch in mein Bett. Seit mir der Stationsarzt erklärt hat, daß ein zu frühes Einschlafen jeden positiven Effekt des Schlafentzugs zunichte macht (»wenn Sie sich nachmittags hinlegen, können Sie den Schlafentzug gleich bleibenlassen, er hat dann keine Wirkung«), versuche ich mit Tricks, diese Müdigkeit zu bekämpfen. Ich gehe aus dem Haus, fahre mit dem Rad zum Schwimmen oder zum Tennisspielen (»körperliche Betätigung hält munter«, hat mir Dr. D. empfohlen).

Der Abend allerdings wird meist zur Tortur. Nur mit größter Mühe und Anstrengung gelingt es mir, die 22-Uhr-Stunde abzuwarten, in der meine Leidensgenossen auf der Station ins Bett entlassen werden. Ich schlafe zu Hause vor dem Fernseher oft schon vorher ein, bin überhaupt nicht mehr fähig, mich krampfhaft wachzuhalten, nur mehr todmüde... ohne Kraft, noch ins Bett zu gehen...

Meine Tablettendosis soll ich ganz langsam bis zum Sommer reduzieren. Alle paar Wochen ein Antidepressivum weniger.

Hoffentlich bin ich diesmal endgültig über dem Berg.

März 1989

Ich bin gesund! Keine Spur mehr von Depression, seit einem Dreivierteljahr! Ich bin wieder gefordert – von einem neuen Studium. Und schaffe das!

Geheilt haben mich – auch wenn das noch so unglaublich klingt – gemeinsame Familienferien im letzten August in Italien. (Wo sonst?) Und geheilt habe ich mich selbst. Indem ich mein Leben änderte.

In diesen Urlaub reiste ich noch mit einem Schächtelchen, voll mit Antidepressiva, meiner damaligen Wochenration – und meine Familie mit großen Bedenken. Am ersten, wunderschönen, verregneten Abend in Verona »vergaß« ich meine Nachttabletten. Am zweiten, in Urbino, legte ich sie ganz zuunterst in den Koffer. Ich brauchte sie nicht mehr.

Wir fuhren weiter ans Meer, das ich so liebe. Ich tankte meine Seele auf. Kein Hauch von Depression. Ich faßte neue Pläne. Seitdem habe ich kein einziges Antidepressivum mehr genommen. Auch kein Beruhigungsmittel, keinen Tranquilizer.

Es wurde mein Traumurlaub. Meine Wiedergeburt. Die Familie kannte mich kaum mehr. Ich genoß mein Leben. Ich genoß mich selbst. Mit all meinen Macken und Ticks.

Im November dann begann ich an einer nahen Universität wieder ein Studium. Italianistik. (Aus Dankbarkeit? Aus Zuneigung für dieses Land und diese Lebensart, die mich beide so faszinieren?) Als zweites Fach studiere ich Kunstgeschichte. Über die anfänglichen Einwände der Familie – In deinem Alter? Und wer kocht das Essen? – habe ich mich hinweggesetzt. (Ein Essen steht immer, morgens vorbereitet, auf dem Herd…)

Neben jungen Studienkollegen habe ich an der Uni Frauen in meinem Alter kennen- und schätzen gelernt, die in vergleichbarer Situation wie ich leben. Sie sagen: »Zwanzig Jahre war ich für meine Familie da. Jetzt bin ich für *mich* da.«

Das Studium macht mir große Freude. In zwei Jahren gehen meine Kinder, jetzt sechzehn und siebzehn, selbst zum Studieren aus dem Haus. Dann brauchen sie mich nicht mehr.

Und, seltsam genug, seit ich nicht mehr journalistischen Aufträgen hinterherlaufe, weil ich mich »ausgeschrieben« fühle, mal neue Erfahrungen machen möchte – seitdem kommen sie plötzlich wie von selbst. In den Semesterferien werde ich bald ein Rundfunkpraktikum absolvieren, dann arbeite ich außer für meinen alten Verlag auch für einen privaten Programmanbieter.

Meine Ehe ist so gut wie ganz zu Anfang. Meine »Omas« belasten mich nicht mehr. Ich lasse ihnen ihr Leben, und sie lassen mir meines.

Dies ist kein Geheimrezept. Nicht jede Depression kann auf einer Reise nach Italien geheilt werden. Selbstverständlich nicht. Und natürlich bin ich privilegiert. Weil meine Familie zu mir gehalten hat und zu mir hält. Weil ich nie *allein* war. Und weil ich finanziell abgesichert bin. Aber: mein Studium würde ich mir notfalls auch nebenher mit Putzen verdienen, weil es mir so wichtig ist.

Ich träume nicht mehr zum Fenster hinaus: ich würde, ich wollte, ich könnte (wenn nur dies und das so und so wäre…).

Ich sage: ich möchte, ich will, ich kann.

Ich stehe zu mir, und genau das habe ich von all meinen Ärzten, den Psychologen und Therapeuten endlich gelernt. Und das kann jeder lernen. Auch wenn es, bei Gott, arg mühsam ist und Kräfte kostet.

Mittwochabend, 12. April 1989

Letzte Woche hatte ich einen Rückfall. Genauer gesagt: Ich trank nachmittags den ersten Kognak. (Den ersten seit einem Dreivierteljahr.) Und nahm den ersten Tranquilizer. Nach einem Kreislaufkollaps meiner Mutter riet mir der Hausarzt, sie bald in einem Altersheim anzumelden, denn pflegen könne ich sie im »Ernstfall« nicht. Ich war so aufgeregt, daß ich »zur Beruhigung« einen Kognak brauchte…

In einer Woche beginnt mein Rundfunkpraktikum in München. Zwei Wochen werde ich als Bezugs- und Betreuungsperson für meine Mutter ausfallen. Steht sie das durch? Oder muß ich absagen, obwohl ich mich so darauf gefreut habe? Auf diese Chance, mit 44 Jahren noch Funkpraxis zu erwerben – und bald einen Teilzeitjob zu bekommen.

Seit Tagen revoltiert mein Magen mit Dauerschmerzen. Immer wieder hole ich mir aus meinen Restbeständen einen Tranquilizer.

Vorgestern rief ich in der Psychiatrie an. Soll ich mich vorsorglich gleich wieder stationär aufnehmen lassen, um so die Depression »aufzufangen«? Leider ist mein Arzt, Dr. D., inzwischen nicht mehr auf meiner Station. Er leitet eine neue Abteilung, die psychiatrische Ambulanz. Er riet mir zu einem ambulanten Schlafentzug, gleich am selben Abend. Und er riet zu 50 mg des Antidepressivums täglich.

Meine Familie staunte. Schlafentzug? In den Augen der Kinder Angst: »Fängt das alles jetzt wieder von vorn an?« Sie verstehen nicht, daß die Geschichte mit meiner Mutter mich umwirft...

Eine durchwachte Nacht lang grübelte ich in der Klinik darüber nach, ob ich zwei Leben habe: ein gesundes, in dem ich stark und glücklich bin, in dem alles klappt und ich alles schaffe – und ein krankes, in dem mich alles belastet, in dem ich nichts schaffe, in dem alles aussichtslos ist?

Gleich am Morgen nach dem Schlafentzug hatte ich ein Gespräch mit Dr. D. in der Ambulanz. Ich schilderte mein Problem mit meiner kranken Mutter und diesem Funkpraktikum und daß ich mich nicht entscheiden könne zwischen meiner »Pflicht als Tochter« und meinen eigenen Wünschen.

Er sprach von meiner Ambivalenz, die typisch für meine Depression sei. Machte Lösungsvorschläge: Wenn mir diese Weiterbildung so wichtig sei, müsse meine Mutter das einsehen und vielleicht für diese zwei Wochen ins Krankenhaus gehen (was ihr Arzt sowieso empfohlen hatte). Ich dürfe mir nicht die Krankheit meiner Mutter auf meine Schultern laden, nicht schon wieder in meine alten Schuldgefühle zurückfallen, die Teil meiner neurotischen Anlage seien...

Aber sie drücken mir fast die Kehle zu!

Zu Hause machte ich den Fehler, mich gleich ins Bett zu verkriechen, was den Schlafentzug um seine mögliche Wirkung brachte. Aber das war mir egal. Wie mir schon wieder alles egal ist...

Ich kann mit meiner Mutter nicht übers Altersheim reden. Ich finde mich mies. In meinem Haus wäre genug Platz für sie. Sie hofft darauf... Ich sehe einfach keine Lösung: keine, die ihr gerecht wird, und keine, die mir gerecht wird.

Gerade waren zwei Freundinnen da. Für Renate ist ihre Mutter im Altersheim »kein Problem«. Sie hat Nerven wie Drahtseile. Margarete plagt sich mit der Versorgung ihrer 83jährigen Schwiegermutter ab. Sie sagt, man könne die Verpflichtung für andere nicht einfach abschütteln. Sie fühlt sich erschöpft, ausgelaugt, »wie von tausend Stricken gefesselt« – aber nicht getroffen in ihrem Lebenskern.

Bin ich psychisch so angeknackst, daß ich keine Belastung mehr aushalte?

Mein Mann kontrollierte gerade unseren Flaschenvorrat. Er ist wütend auf mich.

Morgen sage ich das Funkpraktikum ab. Ich bin traurig darüber. Aber ich will nicht wieder noch tiefer absinken. Ich gehe morgen in die Klinik. Solange ich noch halbwegs klar denken kann.

Freitag, 14. April 1989

Meine neue Tablettendosis: 100 mg Antidepressivum, drei Beruhigungstabletten und zwei Tranquilizer. Beides gegen meine innere Unruhe und Angst. Angst, wieder länger hierbleiben zu müssen...

Die neue Stationsärztin, Frau Dr. S., ist mir sympathisch. Sie ist etwa in meinem Alter, hat zwei Kinderbilder auf dem Schreibtisch stehen. Beim ersten Gespräch schon ein Konsens: die alte Problematik der berufstätigen Mütter, zuwenig Zeit für die Familie. Auch sie hat alte Eltern, sagt sie mir, um die sie sich zuwenig kümmern könne. Aber sie versteht meine Schuldgefühle nicht, mein permanent schlechtes Gewissen (»das geht eben nicht anders, das müssen alle akzeptieren«) und nicht mein Trinken. Da wurde sie sehr streng. Ich sollte ihr das erklären. Aber wie? Daß das wie ein Zwang ist, daß ich nicht *wolle*, aber nicht anders *könne*...

Ich habe den Eindruck, wenn mit der Depression mein Gehirn nicht mehr funktioniert, wenn das Denken-Können aussetzt, schlucke ich mit dem Alkohol all meine Probleme herunter. Der Denk-Zustand wird dann durch einen Dämmer-Zustand ersetzt, der mich dieses unerträgliche Dasein vergessen läßt.

Mein Mann versteht und akzeptiert diese Erklärung nicht. In unserem letzten Gespräch zu Hause warf er mir Verantwortungslosigkeit vor, vor allem den Kindern gegenüber. »Du

86

flüchtest dich in deine Krankheit und in den Alkohol wie ein Drogensüchtiger ins Heroin.«

Seit zwei Tagen vergrabe ich mich wieder in meinem Zimmer. Von den Therapien bin ich befreit, ich soll zur Ruhe kommen. Zur Ruhe? Ich bin verzweifelt. Wieder einmal habe ich keinen Boden unter den Füßen. Wieder einmal bin ich auf dieser Station. Wie lange? Wie oft noch? Alle meine Pläne – in Luft aufgelöst. Muß ich mein Studium wieder aufgeben? Den Sprachkurs in Florenz in den Sommerferien absagen? Mich nur um meine Mutter kümmern, obwohl ich genau weiß, daß ich das nicht schaffe? (Wie ich schon mein erstes Studium abgebrochen habe, vor zwanzig Jahren, als mein Großvater starb und ich dachte, meine Mutter brauche mich, vor allem meine finanzielle Unterstützung...)

Bleibt mir die Depression? Mein Leben lang?

Ich hasse diese gemeinsamen Mahlzeiten, diese Gemeinschaft der schweigenden Patienten – ich will nicht mehr dazugehören! Sie sind mir alle fremd.

Meine einzige Hoffnung: der Schlafentzug am Montag.

Montag, 24. April 1989

Seit drei Tagen bin ich schon wieder aus der Klinik entlassen. Nach nur neun Tagen Aufenthalt! Sie haben mich »repariert«. Ich fühle mich diesmal nicht endgültig geheilt (das werde ich wohl nie sein) – aber auch nicht mehr »stationsbedürftig«.

Der erste Schlafentzug brachte schon die Wendung. Diese langweilige Nacht mit den andern Patienten, die kein Ende zu nehmen schien. Wir sprachen über unsere Krankheit, die Leere in uns, die Unfähigkeit zu leben, dem Leben noch irgendeine Freude abzugewinnen, noch irgendeine Initiative zu entwickeln. Aber ich spürte meine Lebenskraft noch – im Gegensatz zu ihnen. Ich erzählte von meinem Leben »draußen«, von meinem Studium, meinen Energien nach der letzten Entlassung. Ich fühlte ihren Neid, ihre eigene Aussichtslosigkeit. Ich versuchte, ihnen Mut zu machen (ich kannte ja dieses Gefühl!) – ein trauriges Unterfangen. Ich schämte mich dafür, daß es mir besser ging als ihnen.

Am Morgen darauf spürte ich den Auftrieb, das altbekannte Hochgefühl. War mein Gehirn wieder eingeklickt? Hatte ich diese kurze Depression schon überwunden?

Ist es dieser Klinikeffekt, der mich so rasch heilte: »Unter Blinden ist der Einäugige König«? In meinem normalen Leben war *ich* die Kranke, die, die wieder Medikamente nahm und trank. In der Psychiatrie waren alle viel kränker als ich. Ohne Aussicht auf Besserung, wie sie meinten. Ich fühlte mich nicht als eine von ihnen. Nicht als Patientin. Sie waren innerlich zerbrochen, mußten mühsam wieder zusammengeflickt werden. Ich war nur angeknackst. Die Puppe mit dem Sprung – in einer Reparaturwerkstatt.

In der restlichen Woche gaben mir viele Gespräche meinen Lebensmut zurück. Mit der Stationsärztin, mit der neuen jungen Psychologin und mit Dr. D. in der Ambulanz. Ihr offensichtlich gemeinsames Ziel: mein Ich wieder zu stabilisieren, meine Probleme zu lösen, meine Schuldgefühle abzubauen.

Die Psychologin (sie könnte fast meine Tochter sein) fragte einmal in einer Therapiestunde: »Haben Sie mal ganz spontan nach Ihren Gefühlen gehandelt, ganz ohne Vernunft, sind über Ihren Schatten gesprungen?«

Mir fiel nichts ein. Ich dachte lange nach. Plötzlich schien es mir wichtig zu sein: irgendeinen »Unsinn« in meinem Leben präsentieren zu können. Nichts. Immer war ich vom Kopf dirigiert. Immer die Kluge, die Vernünftige. Schon im Kindergarten, in der Schule. Kein »kindliches« Kind, das mal über die Stränge schlug, um das die Eltern sich vielleicht sorgen mußten. Im Gegenteil: *ich* sorgte mich um meine Eltern. Vor allem um meinen Vater, den der Krieg aus der Bahn geworfen hatte, der krank an Körper und Seele war, bis er starb, als ich fünfzehn war. Die ganz unkindliche Verantwortung, die ich für ihn empfand, übertrug ich dann wohl auf meine Mutter.

»Zuviel an Verantwortung«, meinte die Psychologin. Und: »Sie müssen lernen, nach Ihren Gefühlen zu leben, Ihren Emotionen nachzugeben, sich auch möglichst viel Vergnügen zu gönnen. Das Leben besteht nicht nur aus Arbeit und Pflicht – kein Mensch hält das aus.«

Mit der Stationsärztin besprach ich das gleiche Thema: mein schlechtes Gewissen meiner Mutter gegenüber, diesen inneren Druck, den Gedanken, mein Studium eigentlich aufgeben zu müssen und mich in ihren letzten Lebensjahren mehr um sie zu kümmern.

Ihre Antwort: »Wir alle altern und müssen damit fertig werden. Wenn Ihre Mutter nicht in der Lage ist, ihr Alter zu meistern – das ist nicht *Ihr* Problem. Sie können die äußeren Rahmenbedingungen schaffen, aber eine Rundumbetreuung gehört nicht zu Ihrer Pflicht. Sie haben auch Verantwortung für sich selbst. Und für Ihre Familie. Sie sind psychisch gefährdet und müssen in erster Linie an sich selbst und Ihre psychische Gesundheit denken. Wenn Sie zugunsten Ihrer Mutter Ihr eigenes Leben und Ihre eigenen Interessen aufgeben, können Sie sich selbst und Ihre Familie kaputt machen. Und wenn Sie nicht *jetzt* Ihr Lebenskapital, Ihre Fähigkeiten, nutzen, sind Sie vielleicht im Alter noch schlechter dran als Ihre Mutter heute.«

Sie meinte, ich würde wahrscheinlich nicht mehr lernen, »das Leben auf die leichte Schulter« zu nehmen (worum ich stabilere Naturen so beneide). Aber ich könnte sehr wohl lernen, auf Belastungen anders zu reagieren als »mit Depression, Tabletten und Alkohol«.

Und dann versetzte sie mir einen gewaltigen Schock: Ich solle mich nach meiner Entlassung an die Anonymen Alkoholiker wenden!

Ich war verunsichert.

Ich doch nicht!

Ich war doch nicht alkoholkrank!

Ich hatte doch in meinem »normalen« Leben keine Alkoholprobleme!

Erst verkroch ich mich in meinem Zimmer, aufgeregt und

verwirrt. Dann bat ich Dr. D., meine oberste Vertrauensinstanz in diesem Klinikum, um einen Termin. Er lachte mich aus: »Sie sind kein Fall für die Anonymen Alkoholiker. Auch Ärzte können irren.«

Und er erklärte mir den Unterschied zwischen »primärem Alkoholismus« und »sekundärem Alkoholismus«, der – wenn überhaupt – bei mir gegeben sei: gebunden an meine Depression. Nur in der Depression tränke ich, das sei eine spezielle Reaktion von mir auf diese Krankheit. Also gelte es, künftige Depressionen zu verhindern, und damit sei auch das Alkoholproblem aus der Welt geschafft.

Ich war erleichtert, getröstet, von meiner Angst befreit (obwohl er mir ja eigentlich nur medizinisch bestätigte, was ich schon lange vermutet hatte).

Zwei Lösungsvorschläge bot er mir an: entweder eine zeit- und kostenaufwendige Analyse zu machen, um den wahrscheinlich frühkindlichen Schädigungen an meiner Persönlichkeitsstruktur auf die Spur zu kommen, den Grund für meine tiefverankerte Verunsicherung herauszufinden. »Aber so eine Analyse geht an die Wurzeln, vielleicht verkraften Sie die nicht. Keine Analyse und keine Psychotherapie macht aus Ihnen einen neuen Menschen. Die Neigung zur Depression wird immer Teil Ihrer Persönlichkeit bleiben. Jede Therapie kann Ihnen nur helfen, künftig besser mit Krisen umzugehen.« Der zweite Lösungsvorschlag war eine Gesprächstherapie mit ihm. Künftig einmal wöchentlich in der psychiatrischen Ambulanz, bezahlt von der Krankenkasse – als Nachbehandlung. Sozusagen als »Krücke« für mich. Zur Vorbeugung gegen weitere depressive Reaktionen.

Ich war sehr dankbar für dieses neue Hilfsangebot.

Am Mittwoch habe ich meinen ersten Termin bei ihm, als ambulante Psychiatrie-Patientin. Außerdem mache ich heute abend und nächsten Montag noch zwei ambulante Schlafentzüge, zur weiteren Stabilisierung. Noch sechs Wochen lang soll ich abends 50 mg meines Antidepressivums nehmen (die Beruhigungsmittel sind schon längst abgesetzt).

Mein Studium gebe ich nicht auf.

Seit einem Monat bin ich wieder an der Universität, jetzt im zweiten Semester. Mit dem Studium, der Tätigkeit für meinen alten Verlag (etwa zehn Wochenstunden) und meinem Haushalt bin ich nun restlos ausgelastet. Ich bin froh, diesen zusätzlichen Rundfunkjob abgesagt zu haben – ich hätte ihn zeitlich gar nicht geschafft.

Meine Mutter kostet mich immer mehr Kraft, Zeit und Nerven. Das »Abschotten« gegen ihre Krankheit, das ich nach Psychologenmeinung lernen soll, gelingt mir nicht. Nach jedem Besuch bei ihr, nach jedem Telefonat mit ihr bin ich so außer Fassung, daß ich mich nicht mehr auf meine eigentliche Arbeit konzentrieren kann.

Aber die wöchentlichen Termine bei Dr. D. helfen mir immerhin weiter. Es gelingt ihm, meine Sichtweise in Frage zu stellen und andere Dimensionen und neue Perspektiven zu eröffnen. Etwa: »Natürlich war es für Ihre Mutter bequem, eine Tochter zu haben, die sich um alles kümmert. So war sie nie gezwungen, sich auf ihre eigenen Füße zu stellen, ein eigenständiges Leben zu entwickeln. Das können Sie ihr jetzt nicht anlasten. Aber *Sie* müssen sich abnabeln, es ist höchste Zeit.« Für meine Tochter liegt das Problem klar auf der Hand: »Du läßt dich von der Oma zu sehr vereinnahmen. Du machst *ihre* Sorgen zu deinen eigenen. Glaub ja nicht, daß ich mich mal so um dich kümmere wie du dich jetzt um sie.« Die coole Aussage einer Siebzehnjährigen.

Ich betrachte mein Studium als »Reservoir«, wo ich mich mit Energien auftanke. Manchmal auch als Ablenkungsmanöver, als »Davonstehlen« von meinen Familienproblemen.

Tatsächlich fühle ich mich wie neugeboren, wenn ich in einer Vorlesung oder einem Seminar sitze. Nicht als die Tochter von …, die Mutter von …, die Ehefrau von …, die Journalistin bei … – sondern als eine Katharina, die sich wie zwanzig andere für die Gedichte des italienischen Mittelalters interessiert. Und bis Mitternacht Petrarca zu übersetzen macht mir Spaß. Selbst wenn ich zu Anfang meiner »Hausaufgaben«

noch gestreßt bin – ich merke, wie nach und nach alle äußeren Belastungen von mir abfallen, wie ich innerlich zur Ruhe komme.

Für Dr. D. ist die Sache einfach: »Betrachten Sie das Studium als Therapie. Als Ihre persönliche Therapie. Wenn Ihnen das guttut und wenn Sie das brauchen, ist es okay.«

Na gut: Andere Frauen erholen sich im Kaffeehaus oder beim Tennisspielen. Ich »erhole« mich beim Studium. Aber das schlechte Gewissen bleibt. Schließlich war meine Mutter ja auch in früheren Jahren, als meine Kinder noch klein und anstrengend waren, ständig als Hilfe für mich »einsatzbereit«. Bin ich ihr da nicht mehr schuldig? Bringen andere Frauen nicht viel mehr an Opferbereitschaft auf? Müssen nicht andere Frauen, etwa mit einem behinderten Kind, eine unvergleichlich höhere Belastung aushalten?

Mein Arzt und Psychotherapeut sagt dazu: »Es gibt keine Norm an Belastbarkeit, keine objektive Grenze, was zu leisten und auszuhalten ist. Das ist individuell ganz verschieden, jeder muß seine eigene Grenzlinie setzen und verantworten. Ihre Grenze ist überschritten, wenn Sie immer wieder krank werden.«

Jeden Mittwoch verlasse ich nach einem solchen Gespräch mit Dr. D. neu gestärkt die psychiatrische Ambulanz. Ich gehe also jetzt »auf einer Krücke« durchs Leben. Ich bin dankbar für diese Krücke. Dankbar dafür, in Dr. D. einen Helfer gefunden zu haben, der mich inzwischen (nach zwei Jahren!) in- und auswendig kennt, in meinen guten und in meinen schlechten Zeiten. Der bei meinen Problemen »auf den Punkt« kommt und immer wieder konkrete Lösungswege aufzeigt.

Ich weiß den Glücksfall zu schätzen, den richtigen Arzt gefunden und so ein tiefes Vertrauensverhältnis zu ihm zu haben. Schließlich bin ich ganz zu Anfang meiner Depression (seit meinem 40. Geburtstag vor vier Jahren) viele Irrwege gegangen.

Mein Neurologe hatte nie Zeit für ein Gespräch, mich ausschließlich mit immer neuen Rezepten »getröstet«.

Die Psychologin bei der Familienberatung hatte (ein ganzes Jahr lang) eine schier endlose Geduld im Zuhören. Ich konnte und sollte mir alles von der Seele reden, ich redete und redete – und bekam keine Resonanz, zumindest keinen konkreten Lösungsvorschlag, keine tatkräftige Hilfe.

Der Verhaltenstherapeut, zu dem ich (für ein weiteres ganzes Jahr) überwechselte, hatte weniger Geduld im Zuhören und die falschen Lösungsvorschläge: Ich sollte ihn anbrüllen und auf Kissen einschlagen, um meine geheimen Aggressionen loszuwerden. Ich fand die Sache mit den Kissen einfach lächerlich, ich weigerte mich. Er hatte nicht (wie Dr. D.) zusätzlich zur psychologischen eine medizinische Ausbildung. Er merkte bis zuletzt nicht, wie krank ich wirklich schon war, riet mir ständig von Medikamenten ab, vor allem von einer Klinikeinweisung. (»Im Krankenhaus kann man Ihnen auch nicht besser helfen.«)

Erst als ich ganz unten war, keinerlei Kraft mehr hatte und wirklich keinen anderen Ausweg mehr sah, ging ich in die Psychiatrie, fand dort den »richtigen« Arzt und die »richtige« Hilfe. Vielleicht hätte ich meiner Familie viele Sorgen und mir die Suizid-Versuche und erhöhten MCV-Werte im Blutbild erspart, wenn ich viel eher den Mut zu diesem Schritt gehabt hätte.

So sehe ich die Sache heute, seit ich meine Angst abgebaut habe, als Außenseiter zu gelten, als psychisch defekt. Depressionsanfällig, nicht »funktionstüchtig«, instabil. Ich schäme mich nicht mehr für diesen Teil meiner Person (Schwäche? Veranlagung?), dessen Ursachen ich inzwischen kenne – aber leider nicht mehr beseitigen kann. Ich muß mit ihm leben. Im Augenblick mit einer »Krücke«. Vielleicht ständig mit »Krücken«? Vielleicht aber auch nicht.

Sicher weiß ich nur eines: Ich habe gelernt und erfahren, daß es bei dieser Krankheit Hilfen gibt. (Auch wenn man womöglich lange danach suchen muß.) Und ich werde diese Hilfen annehmen. Ich werde bei jedem Anzeichen eines neuerlichen Rückfalls in die Depression lieber zu früh in die Klinik gehen als zu spät.

Werde ich auf diese Weise lernen, wirklich mit »mir« zu leben? Besser als bisher?
Ich hoffe es.

Ende August 1989

Ich bin stolz auf mich: Nach fast vier Jahren Depression (mit großen zeitlichen Abständen) habe ich es DAS ERSTE MAL GESCHAFFT, mich aus eigener Kraft (und mit Hilfe meiner »Krücke« Dr. D.) aus einem Rückfall herauszustrampeln! Und zwar diesmal *ohne* stationären Klinikaufenthalt – wenn auch nicht ohne Medikamente. Habe ich nun endlich wirklich gelernt, mit meiner Depressionsanfälligkeit zu leben? Mit dieser Krankheit umzugehen? Es scheint so.
Der Rückfall kam nicht überraschend, fast schon erwartet. Wieder einmal schien meine familiäre Belastung über mich hinauszuwachsen, sich *mein* Leben in nichts aufzulösen.
Anfang August kam meine Mutter mit dem Notarztwagen ins Krankenhaus, nachdem ich sie bewußtlos im Zuckerkoma aufgefunden hatte. (Hätte ich sie nicht besucht, wäre sie wohl gestorben.) Zwei Tage später, als sie längst über dem Berg war, wachte ich morgens mit dem bekannten Angstgefühl auf. Ich wollte nicht aufstehen, nie mehr, nicht raus aus dem Bett, am liebsten wieder die Decke über den Kopf ziehen und alles vergessen. Alle Zukunftspläne, die Freude auf die nächsten Ferienwochen waren verflogen: alles aus. Ich würde den Sprachkurs in Florenz mit meiner Tochter Julia absagen, hierbleiben, meine Mutter brauchte mich...
Vormittags quälte ich mich mit meiner journalistischen Arbeit ab. Es ging nicht mehr. Ich trank einen Sherry. Noch einen. (Ich dumme Gans.) Schon wieder diese innere Unruhe, dieses Flattern im Magen.
Nachmittags besuchte ich meine Mutter im Krankenhaus, hatte anschließend meinen Wochentermin bei Dr. D. in der psychiatrischen Ambulanz. Erzählte vom Sherry und meiner

Angst, schon wieder depressiv zu werden – nach einigen Wochen ohne Antidepressiva und ohne Beruhigungsmittel. Fragte, ob ich nicht vorsorglich gleich einen Schlafentzug machen solle.

»Sie sind schon wieder überfordert, und darauf reagieren Sie wie immer depressiv«, sagte Dr. D. Er erklärte mir, die Art meiner Fürsorge gehe ins Neurotische, wie auch die Neigung zu Schuldgefühlen Teil meiner neurotischen Anlage sei. (Ich kann das Wort »Neurose« nicht mehr hören.) Diese »neurotische Disposition«, angelegt in der frühen Kindheit, sei die psychologische Komponente meiner Depressionsneigung, hinzu komme womöglich eine biochemische ererbte Anlage. (Ich muß an meine Großmutter Josephine denken, die auch schwermütig war.) Nur wenn ich diese ewigen Schuldgefühle abzubauen lernte, könne ich künftig mit solchen Problemsituationen besser fertig werden.

Ich dürfe mich nicht weiterhin ständig verantwortlich fühlen für das Leben und die Krankheit meiner Mutter. Da gebe es wirksamere Hilfen nach ihrer Entlassung – und er riet mir, mich an die Sozialstation des Klinikums zu wenden. Auf gar keinen Fall dürfe ich den Sprachkurs oder den Urlaub absagen.

Die Depression würden »wir« schon in den Griff bekommen: mit einer chemischen Bombe. Mit 50 mg Antidepressivum, einer Beruhigungstablette und vier Tranquilizern. (So viele Tranquilizer pro Tag hatte ich ambulant noch nie genommen. Aber jetzt mußten sie wohl sein, sonst hätte Dr. D. sie nicht verordnet.)

»Und auf keinen Fall wieder Alkohol. Diesmal nicht. Und kein Rückzug ins Bett!« Einen prophylaktischen Schlafentzug hielt mein Arzt für verfrüht.

Wie immer versprach ich, brav zu »folgen« wie ein Schulmädchen (ich bin zehn Jahre älter als Dr. D.). Fast gelähmt von der Angst: schon wieder ein Rückfall... Der vierte? Der fünfte?

Leider waren Semesterferien, ich konnte nicht an die Uni »flüchten«. Die folgenden Tage stürzte ich mich gewaltsam in

Aktivitäten, nur um nicht dem Drang nach meiner »Decke über dem Kopf« nachzugeben. Duschte morgens eiskalt, um in Schwung zu kommen, putzte die Wohnung meiner Mutter, verabredete mich zum Tennisspielen, ging mit meinen Kindern zum Schwimmen, besuchte abends meine Freundin Margarete (um nicht schon wieder vor der Tagesschau ins Bett zu fliehen).

Täglich fuhr ich ins Krankenhaus zu meiner Mutter, besprach mit den Ärzten und der Sozialbetreuerin die nötige Nachsorge nach ihrer Entlassung.

Ich hangelte mich von Tablette zu Tablette, fühlte mich immer nach der Einnahme (früh, mittags, nachmittags, abends) von Stunde zu Stunde ruhiger. Aber die morgendliche Angst beim Aufwachen, die Angst vor dem Tag, vor der Zukunft, die blieb...

Wenn ich allein zu Hause war, umschlich ich den Barschrank, sagte mir ständig vor: diesmal nicht – und setzte mich auf das Rad, um irgend etwas in der Stadt einzukaufen. Um dieser Versuchung zu trinken zu entgehen.

Meine Familie bangte um mich. Wieder einmal. Alle drei beobachteten mich argwöhnisch (geht nun alles wieder von neuem los?), hatten ständig irgendwelche Anliegen, hielten mich mit ihren Anforderungen auf Trab. Sie schonten mich nicht, zeigten keine Spur von Mitleid für die Schon-Wieder-Kranke in ihrem Stimmungstief, forderten »die Gesunde, die Normale« in mir heraus. (Vielleicht war das richtig so?)

Den Haushalt schaffte ich – geistige Arbeit nicht mehr. Ein angefangener Artikel blieb liegen, ebenso ein Referat für die Uni. Ein paarmal versuchte ich mich an der Schreibmaschine: Nichts, absolut nichts, drei Satzanfänge – darüber hinaus kam ich nicht. Kein Konzentrationsvermögen, kein Interesse, Leere im Kopf.

Dies (abgesehen von dem Drang nach Alkohol) ist für mich inzwischen das untrüglichste Anzeichen einer beginnenden Depression: wenn mein Gehirn nicht mehr so funktioniert wie sonst. Wenn ich geistig total unproduktiv bin, wenn mir das Denken schwerfällt, wenn mein Verstand ausgeschaltet scheint. (Praktische Tätigkeiten lassen sich leichter ausführen, kochen, waschen, bügeln. Sie erfordern nur mehr Energie als sonst, ich muß mich regelrecht dazu zwingen: Jetzt machst du dies, nachher das...)

Und dazu diese ständige Angst.

An einem Abend waren wir bei Bekannten zum Essen eingeladen. Ich hatte keine Lust, war unsicher, ob ich den Abend »in Gesellschaft« überstehen würde, mich auf die Gespräche konzentrieren könnte. Ich konnte nicht. Genauer gesagt: es wurde ein Reinfall. Und das nur, weil ich den angebotenen Sekt nicht abgelehnt hatte. Nach zwei Gläsern merkte ich, daß meine Worte nur sehr verzögert über die Lippen kamen. Ich versuchte krampfhaft (ein strenger Blick von meinem Mann), diese Sprachschwierigkeiten zu bekämpfen. Mein Kopf war noch klar – mein Sprachvermögen nicht. Ich sagte ganz ehrlich in die Runde (mittlerweile verberge ich meine depressive Anlage nicht mehr): »Tut mir leid, ich muß derzeit Medikamente nehmen, und die vertragen sich offensichtlich nicht mit Alkohol.« Und ich verschwand ganz schnell, noch vor dem Dessert.

Selbst zu fahren, dazu wäre ich nicht mehr in der Lage gewesen. Eine Freundin fuhr mich heim, während mein Mann (verärgert über den Fauxpas) bis in die frühen Morgenstunden blieb.

Das war mir eine Lehre. Selten habe ich mich so blamiert. (Und natürlich hätte ich es wissen müssen, Dr. D. hatte mich gewarnt. Bei so vielen Tranquilizern kann *ein* Glas Sekt schon zuviel sein.)

Genau acht Tage nach dem ersten Eintrag: »depressiv?« zeigt mein Tagebuch einen dicken roten Vermerk: »nicht mehr depressiv!!!« Das war der erste Morgen, an dem ich ohne Angst aufgewacht bin. Der erste Tag, an dem ich das Gefühl hatte, ich »bräuchte« keine Beruhigungsmittel mehr, um ihn halbwegs zu überstehen. Das innere Zittern war vorbei. Überflüssig also Schlafentzug und Klinikeinweisung (die ich als Rettungsanker fast permanent vor Augen hatte).

Vormittags schon die ersten kleinen Erfolgserlebnisse: Der Artikel konnte problemlos fertiggeschrieben werden, die Arbeit an meinem Referat ging nicht nur voran – sie machte sogar wieder Spaß.

Ich bin wieder gesund!

Wieder einmal?

Meine Mutter ist längst aus dem Krankenhaus in ihre Wohnung entlassen. Sie ist gesundheitlich wesentlich stabiler als im ganzen letzten Jahr. Trotzdem: Die Ärzte rieten ihr »vorsorglich« zum Altersheim – und sie ist damit einverstanden. Vorerst wird sie mit einem Diabetiker-Essen »auf Rädern« gut versorgt. Und zusätzlich (auf Anordnung der Klinik) von Schwestern einmal täglich besucht, zur Zucker- und Blutdruckkontrolle.

Wieder einmal bin ich dankbar für die Leistungen des Sozialstaates, in dem ich lebe. Dank dieser unschätzbaren Nachsorge ist auch sie (als arme Rentnerin) gut betreut in meiner Abwesenheit – und ich kann beruhigt in Urlaub fahren.

Denn der wird nun nicht gestrichen, wovon mir ja auch Dr. D. abgeraten hatte. Er hat sich mit mir über meinen »Erfolg« gefreut, das Absinken in eine neuerliche Depression aus eigener Kraft überwunden zu haben. Aus eigener Kraft – vielleicht. Aber sicher nicht allein. Ohne seine Hilfe, seine Präsenz (notfalls auch am Telefon) und ohne die Medikamente hätte ich es wohl nicht geschafft.

Ich bin für diese neue Einrichtung dankbar, die Psychiatrie-Ambulanz, die mir die Chance gibt, zu meinem Arzt (und Lebensretter) Kontakt zu halten – auch ohne stationären Aufenthalt. Und ich verstehe nicht, warum sich manche Krankenkassen gegen solche Ambulanzen sperren. Die ambulante Psychotherapie (einmal wöchentlich ein Gespräch) ist für die Krankenkasse sicher billiger als jeder noch so kurze Klinikaufenthalt.

Natürlich wurden die vielen Tranquilizer gleich nach acht Tagen wieder abgesetzt – ich wollte und sollte ja nicht abhängig werden! Die Antidepressiva ließ ich mit 25 mg langsam ausklingen.

Ich bin zuversichtlich, daß ich künftige Rückfälle (sie sind bei meiner Anlage sehr wahrscheinlich – womöglich bei jeder seelischen Überforderung) ähnlich gut überstehen werde. Ich will versuchen, den Anfängen sofort zu wehren, Widerstand zu leisten gegen den dann fast zwanghaften Drang nach Alkohol. Und ich werde immer *sofort* zum Arzt gehen und die richtigen Medikamente nehmen. (Lange genug hat es gedauert, bis ich beides gefunden habe.)

Ich hoffe, auf diese Weise nicht mehr so tief in das depressive Tal abzusinken wie beim ersten Mal und so den Rückzug aus meiner Welt stoppen zu können, bevor es zu spät ist. Nicht mehr in meinen Winterschlaf zu fallen, sondern meine eigenen Kräfte am Leben zu erhalten, *bevor* sie erlahmen.

Vorläufig hilft mir noch meine »Krücke«, mich immer mehr zu stabilisieren: Die Sitzungen bei Dr. D. bauen mich auf, krempeln mich um, rücken mich gerade, stärken mein lädiertes Ich. Ab Herbst aber muß ich mit mir allein zurechtkommen. Dann verläßt Dr. D. die Psychiatrie-Ambulanz.

Ich habe keine Angst davor. Nicht mehr. Ich glaube, mit etwas Glück werde ich künftig auch ohne »Krücke« depressive Täler überwinden. Werde ich?

November 1989

Einen Monat lebe ich nun schon ohne meine »Krücke« Dr. D., und ich lebe wunderbar. Ich denke normalerweise gar nicht mehr an ihn, an die psychiatrische Ambulanz oder an meine Depression. Das ist vorbei, weggesteckt (verdrängt?), vergessen. Mein Leben ist so ausgefüllt und voller Pläne, ich habe gar keine Zeit, an Krankheit auch nur zu denken.

So war es, bis mich gestern eine ehemalige Mitpatientin aus der Psychiatrie anrief, ganz verzweifelt, sie habe einen Rückfall, sei wieder »drin«. Ich besuchte sie und war schon beim Betreten der Depressionsstation betroffen. Betroffen wie noch nie vorher in diesen grün gefliesten Klinikgängen, vor diesen orangefarben gestrichenen Türen.

Die Erinnerung überfiel mich schlagartig. Die Erinnerung daran, daß ich in diesen Fluren, hinter diesen Türen ein halbes Jahr meines Lebens zugebracht habe. Ein Nichts war, eine, die es nicht mehr gab auf dieser Welt. Ohne Perspektive, ohne Lebensmut und, natürlich, ohne jede Lebensfreude.

Zwei Jahre ist das jetzt her. Zwei Jahre? Mir kommt es vor wie eine Ewigkeit. Und das war *auch* ich? Derselbe Mensch?

Der Besuch war eine Quälerei für uns beide. Frau M. weinte nur. Ich verstand sie so gut, wußte, wie ihr zumute war, wie hoffnungslos sie war. Und ich wußte, daß sie mein Trost nicht trösten konnte: Halten Sie durch, Sie kommen da wieder raus. In der tiefsten Depression ist kein Raum für einen Hoffnungsschimmer, da gibt's nur eine schwarze Ewigkeit.

Seit diesem Besuch bewegen mich Erinnerungen. Erinnerungen an entsetzliche Situationen, die ich in meinem Tagebuch verschwiegen habe. Vielleicht verdrängt aus Scham: Das kann, das darf nicht sein. Daß mich mein Mann einmal mittags im Treppenhaus liegend aufgefunden hat, nicht weil ich schon zu betrunken war, um noch aufstehen zu können, sondern weil ich nicht wußte, *wozu* aufstehen. Einfach liegenbleiben wollte ich, mich totstellen. (Es schaudert mich. Was hätte *ich* getan, wenn *er* sich so verhalten hätte?) Oder wie mein Mann mich vor meiner dritten Klinikeinweisung vormittags nackt im Schlafzimmer angetroffen hat, mich angefleht hat, mich anzuziehen (»die Kinder kommen gleich aus der Schule«): Ich *konnte* nicht, ein Alptraum, wir schlugen uns beinahe. Er rief meine Freundin Margarete zu Hilfe, die zog mich an, packte meinen Koffer, fuhr mich ins Krankenhaus. Ich wimmerte, weinte, bettelte, mich sterben zu lassen...

Sind Depressive in diesem Zustand überhaupt noch Menschen?

Ich schäme mich furchtbar, als mir das alles plötzlich wieder einfällt.

Und das war auch ICH? Ich, die jetzt morgens manchmal meint, vor lauter Glück platzen zu müssen. Für die der Tag nicht genügend Stunden hat, um alle Vorhaben unterbringen zu können. In die mein Mann neu verliebt ist. Die zu ihren Kindern ein intensives Verhältnis genießt. (Der Sprachkurs in Florenz zusammen mit Julia war ein einziger Spaß! Wir stellten als Mutter-Tochter-Gespann einen Schulrekord auf: Sie war die jüngste – ich die älteste Teilnehmerin!)

Wenn das jetzt eine depressive Frau liest: sie glaubt es nicht. Sie kann es nicht glauben. Aber es ist so.

Ich bin verwirrt seit diesem Klinikbesuch. Ich will da nie, nie wieder rein. Nicht wieder als Patientin. Ich will nie wieder die werden, die ich einmal war. Ein Häufchen Elend, ein Nichts, ein Niemand – nur eine Riesenbelastung für alle, die mit mir lebten.

Und ich bin erfüllt von Dankbarkeit für meine Familie, für meine engsten Freunde. Bekannte von uns lassen sich gerade scheiden – sie haben genug voneinander. Was hätte ich getan, wenn mein Mann vor zwei Jahren »genug« von mir gehabt hätte? Gründe hätte er gehabt, weiß Gott. Eine Frau, die säuft. Eine Frau, die nicht einmal mehr fähig ist, das Notwendigste im Haushalt zu tun. Eine Frau, die weder Gesprächs-Partnerin noch Bett-Partnerin mehr ist. Eine Frau, die sich selbst und auch alles andere um sich herum aufgegeben hat. Wer hält das aus? Ich glaube nicht, daß *ich* das umgekehrt so lange ausgehalten hätte.

Ich bin mir sicher, daß ich bei einer Scheidung und ohne Rückhalt in meiner Familie *niemals* die Kraft gehabt hätte, gesund zu werden. Deshalb mein Appell an alle Betroffenen, alle Angehörigen von Depressiven: Bitte, haltet aus! Es gibt entsetzliche Situationen, wo man körperlich fühlt: Das ist das Ende, aus, genug, ich kann und will nicht mehr. Aber – und ich weiß, es klingt für alle Betroffenen unglaublich – es gibt ein ENDE. Ein Ende ist möglich, ein Ende all dieses Leids, all dieser Verzweiflung, all dieser unbeschreibbar kläglichen Situationen. Ich könnte das nicht sagen und schreiben, wenn ich es nicht wirklich selbst erlebt hätte. Ich war eine Zumutung für jeden, der mit mir Umgang hatte. Trotzdem haben es mein Mann und meine Kinder mit mir ausgehalten, zu mir gehalten. Und dafür bin ich unendlich dankbar.

Diese entsetzliche Zeit liegt Jahrtausende hinter mir. Ich glaube manchmal, meine Familie hat sie schon vergessen. Gott sei Dank. Ich nicht. Und es tut weh. Ich sehe mich im Spiegel und im Spiegel meiner Umwelt: eine strahlende Frau, eine glückliche Frau. Klingt es unglaubwürdig, wenn ich sage, ich möchte keinen Tag aus meiner Leidenszeit missen? Doch es ist so, denn ich glaube, daß mich erst die Depression zu leben gelehrt hat, zu der gemacht hat, die ich heute bin.

Wer seine Wut nach innen richtet, wird krank. Ich empfinde heute keine Wut mehr. Gegen nichts und niemanden. Ich gehe anders um mit allem und mit jedem. Aber eines weiß ich: Wenn ich jemals wieder Wut empfinde, dann lasse ich sie heraus. Sie wieder hinunterzuschlucken, in mir zu verwahren, dafür bin ich mir jetzt zu schade. Dafür bin ich mir jetzt zu wichtig. Dafür liebe ich mich selbst jetzt zu sehr. Und dafür ist mir die Zeit noch zu sehr in Erinnerung, als ich mich haßte. Als ich nur mehr den einen Gedanken hatte: mich selbst umzubringen.

Juni 1990

Fünf Jahre sind vergangen seit dem Beginn meiner »depressiven Verstimmungen«, ein Jahr seit meinem letzten Klinikaufenthalt. Vier lange Jahre hatte die Depression mich im Griff, jetzt habe *ich* mein Leben im Griff. Ohne Tabletten, ohne Therapie, ohne Alkohol.

Physisch und geistig fühle ich mich gut belastbar: Das Studium neben meinem Haushalt macht mir keine Probleme. In der Depression habe ich nichts davon geschafft, und deshalb macht es mich heute so glücklich, daß ich wieder voll leistungsfähig bin. Ich lebe unter Streß, aber einem Streß, den ich gut aushalte und vielleicht irgendwie brauche.

Psychischen Streß dagegen halte ich immer noch schlecht aus. Klagt meine Mutter, die immer noch in ihrer Wohnung ganz gut zurechtkommt, über Beschwerden, reagiere ich prompt mit Magen- und Rückenschmerzen. Die alten Schuldgefühle: Könnte ich *mehr* für sie tun, müßte ich *mehr* für sie tun...? Und wenn Julia mit ihrem brandneuen Führerschein und meinem Auto unterwegs ist, ergreift mich zu Hause die pure Panik mit Magenrevolte und Rückenschmerzen (was kann alles passieren?), während ihr Vater, völlig angstfrei, jederzeit die Autoschlüssel herausrückt (warum soll denn etwas passieren?). Ist es dieses »Urvertrauen«, das ihn so zuversichtlich macht und das mir fehlt?

Auch Margarete kennt durch ihre Söhne die Sorge um Führerscheinneulinge – aber diese Sorge wirft sie nicht um. Auch sie leidet an der Belastung durch ihre kranke Schwiegermutter – aber sie gerät dadurch nicht aus ihrem Lebenskonzept.

Vertrage ich mit meinem psychischen Knacks keinerlei Aufregung mehr? Ich habe den Eindruck, daß – vielleicht seit besagten fünf Jahren –, was das »Aushaltenkönnen« betrifft, das Maß für meine Seele voll ist. Zum Überlaufen voll. Und daß sie jetzt jeden Druck sofort an meinen Körper weiterleitet.

Doch mit diesen körperlichen Auswirkungen kann ich leben. Meine erste Reaktion auf das Magenflattern ist immer noch der Gedanke an einen Kognak, zur Beruhigung der Nerven... Aber schon signalisieren mir Warnlampen in meinem Gehirn: nicht wieder auf diese Schiene! Und wenn irgendwie möglich reagiere ich mich sportlich ab, mit einigen Schwimmrunden im nächsten Hallenbad, bis ich erschöpft bin und mein Magen beruhigt ist (auch wenn mir das Herz bis zum Hals klopft).

Gegen die Rückenschmerzen helfen Massagen auf Krankenschein. Der Masseur, der von meiner Depression nichts weiß, stöhnt jedesmal wieder über meine »Verspannungen im Nacken« und fragt, welche Probleme ich da ablagere. Für ihn sind meine Rückenschmerzen rein psychisch bedingt.

Mein Studium sehe ich als Überlebenstraining an, weil ich dabei über meinen Tellerrand hinausschaue, neue Erfahrungen und Kontakte gewinne. Und weil es mir hilft, zu mir selbst zu finden und zu mir selbst zu stehen.

Mut zum Ich : das ist die einzige Möglichkeit, nach einer Depression eine neue Lebenschance zu finden. Ich sehe es auch an den Beispielen ehemaliger Mitpatientinnen. Eine hat ihr Leben nach der Entlassung radikal verändert – und ist seit Jahren gesund. Erika Sch., die ihre trostlose Ehe nicht beenden kann, lebt immer noch mit Antidepressiva – und erwägt einen erneuten Aufenthalt in der Klinik.

Ganze 44 Jahre hat es gedauert, bis ich den Mut zu mir selbst gefunden habe: Ich bin keine Top-Journalistin und keine Super-Hausfrau. Ich suche lieber stundenlang in einer Bibliothek nach Quellenmaterial, als unter Zeitdruck geniale Geistesblitze in die Tasten zu tippen. Und für das Hochgefühl nach einer bestandenen Klausur nehme ich gern manches Unkraut in meinem Garten in Kauf.

Erkennen meiner Fähigkeiten war das eine – dazu stehen das andere. Natürlich hatte ich anfangs Bedenken, als ich mich erneut für ein Studium einschrieb: Wirst du das schaffen? Man lacht dich aus – in deinem Alter! Was sagen die Verwandten, die Nachbarn, die jungen Studienkollegen dazu? Aber ich stoße überall auf sehr viel Toleranz, besonders an der Universität.

Jahre meines Lebens habe ich mir eingeredet: So ist es, und das war's dann auch. Ein bißchen Beruf, so nebenher, und viel Familie. So hatte ich es mir ja auch ausgesucht: Nie hätte ich meine Kinder, als sie klein waren, fremden Leuten »gegönnt«. Ich wollte bei ihren Krabbelversuchen selbst dabei sein, sie bei ihren Kindergartenkränkungen schon selbst trösten.

Trotzdem fühle ich mich heute nicht mehr auf dem Abstellgleis. Weil ich gelernt habe, daß man Lebensumstände auch ändern kann. Weil ich heute neue Kraftreserven mobilisiert habe, mit Hilfe meines Arztes und der vielen Therapien. Ob ich damit gegen künftige Krisen gewappnet bin, ob meine

Seelenwunde geheilt oder nur vernarbt ist – ich weiß es nicht.

Ich weiß nur, daß ich in meinem »zweiten Leben« den Hindernislauf für Frauen meiner Generation besser durchstehe und die Hürden leichter überspringe. Diese Hürden, die Männer meist nicht kennen, weil sie Familienaufgaben an ihre Partnerinnen delegieren.

Ich bin egoistischer geworden.

Meine Zukunft liegt nicht mehr hinter mir.

Ich warte nicht mehr darauf, daß mein Mann mir die Sterne vom Himmel holt.

Ich hole sie mir selbst! Ich versuche es zumindest.

August 1991

Das Sterne-vom-Himmel-Holen ist doch schwieriger, als ich es mir dachte. Oder bin ich noch zu ungeübt darin?

Gut: ein paar »Sterne« habe ich mir geholt. Ein paar in der Liebe, ein paar mit meinen Kindern (erfolgreiches Abitur) und einen ganz besonderen Fixstern mit meinem gut bestandenen Zwischenexamen. Das ist die Bilanz des letzten Jahres. Eines Jahres *ohne* Depression (aber natürlich mit Tiefs und Durchhängern, wie fast jeder normale Mensch sie durchzustehen hat). Eines Jahres fast *ohne* Alkohol (außer dem für den geselligen und gestreßten Menschen üblichen Wein am Abend). Und eines Jahres – das ist für mich am wichtigsten – fast *ohne* Tabletten, ohne Psychopharmaka. An einigen wenigen Tagen kam ich nicht ohne sie aus, in ganz schweren Krisenzeiten mußte ich wieder auf Tranquilizer zurückgreifen, um meine Nerven zu beruhigen (immer noch besser als das »Beruhigungsmittel« Schnaps!).

Denn es war kein leichtes Jahr. Und daß ich es trotz meiner gefährdeten Psyche so »einigermaßen« gemeistert habe, gibt mir eine ganz große ZUVERSICHT, auch weitere Nackenschläge vielleicht auszuhalten. Mich nicht mehr »niederdrükken« zu lassen in die Depression. Eine große Hilfe sind mir die Worte, die ich irgendwo gelesen und mir auf einem Zettel notiert habe.

Unübersehbar hängt er neben meinem Telefon:

»Wichtig ist nicht das, *was* dir zustößt.

Wichtig ist nur, *wie* du damit umgehst.«

Die Probleme in meinem Leben haben sich trotz des letztjährigen Sommerglücks nicht verringert, sondern verstärkt. Meine Ehe ist gefährdet, mein Mann hat sich zeitweise von mir zurückgezogen, er sagt, er »kann mit dieser neuen Frau nichts anfangen«. Er hat recht: Ich bin nicht mehr die »alte« Katharina. Ich lebe mein Leben nach *meinen* Prioritäten, nicht mehr nach *seinen*. Natürlich würde ich es am liebsten *mit ihm* leben. Aber wenn er zu Kompromissen nicht bereit ist, wenn er alle gemeinsamen Unternehmungen ablehnt (sei es ein Spaziergang, ein Konzert, ein Ausflug oder eine Urlaubsreise) und sich auch an den Wochenenden hinter seiner Arbeit und seinem Computer verschanzt, dann tue ich all diese Dinge eben allein oder mit Freundinnen. Oft mit wehmütigen Stichen im Herzen, manchmal aber auch schon mit Genuß. Eine Zweisamkeit gibt es in unserer Beziehung nicht mehr oft – aber wahrscheinlich kennen viele Frauen diese Einsamkeit in einer Ehe und müssen auch damit leben.

Schwer getroffen hat mich im letzten Jahr der Krebstod einer engen Freundin und daß die Tochter einer anderen Freundin an Leukämie gestorben ist. Das waren die Tage, an denen ich zu Tranquilizern griff. Ich komme manchmal nicht weg von dem Gedanken: Wie kurz ist das Leben, und wie wenig machen wir daraus! Ich meine speziell meinen Mann und mich. Wir driften immer weiter auseinander, entfernen uns immer mehr voneinander – anstatt beieinander Nähe, Liebe und Trost zu suchen. Das heißt, ich suche, aber ich finde nicht mehr. Nicht mehr bei ihm, eher schon bei Freundinnen in ähnlicher Situation wie ich.

Das ist vielleicht der schmerzliche Preis meines »neuen« Lebens und meines »neuen« Ichs: Manchmal fürchte ich, ich habe mich gefunden und meinen Mann verloren, weil er mit meiner Entwicklung nicht mithalten kann oder will. Aber ich brauche auch MEIN Leben. Vielleicht, um zu ÜBERLEBEN. Andernfalls wären ja all die Therapien, die mir erst den Mut zu meinem ICH gegeben haben, vergeblich gewesen!

Mein derzeitiges Fazit: Ich träume immer noch von den Sternen, aber sie sind nicht mehr so greifbar nahe wie vor einem Jahr. Von Höhenflügen keine Spur, aber ich kämpfe mich rechtschaffen durch mein Leben hindurch – mit all seinen Freuden und Leiden. Und ich bin zuversichtlich, daß ich es schaffe und daß mein Mann und ich lernen, uns in unserer Gegensätzlichkeit zu akzeptieren – und zu lieben.

Diese Zuversicht, die macht mich stark, diese positive Sicht auf alles, was noch kommen mag. Ich spüre nicht mehr die lähmende Angst, die Aussichtslosigkeit, das Nicht-mehr-an-sich-glauben-Können aus den Zeiten meiner Depression.

Manchmal (ganz selten) überfällt mich die Erinnerung an diese Lebensphase nach meinem 40. Geburtstag. Etwa wenn jemand sagt: »Vor fünf Jahren, da haben wir unser Haus gebaut.«

Vor fünf Jahren: da mußte ich meine Arbeit als Journalistin beenden, weil ich nicht mehr schreiben konnte. Weil kein Mensch mit einem lahmgelegten Gehirn einen logischen Gedankengang führen, geschweige denn formulieren und zu Papier bringen kann.

Vor fünf Jahren: da war jeder Gang zur Bank oder zum Metzger ein riesengroßes Problem für mich. Ich hatte Angst davor!

Vor fünf Jahren: da saß mein Körper an irgendwelchen Tischen, und mein Geist konnte den Gesprächen nicht folgen. Was reden die anderen? Warum lachen sie? Worüber freuen sie sich so?

Natürlich war der Entwicklungsprozeß schleppend. Die Umwelt merkte lange nichts von meiner inneren Vereisung. Man wacht ja nicht eines Morgens auf und ist plötzlich depressiv. Monatelang dachte ich: Ich bin nicht gut in Form, ich hänge durch, Kopf hoch, das gibt sich wieder... Mit immer größerer Anstrengung versuchte ich das »Durchhalten«, versuchte ich, den Rückzug aus meinem normalen Lebensalltag zu stoppen. Mit enormem Kraftaufwand wurde die Fassade vor meiner Familie und vor meinen Kollegen aufrechterhalten, bis die Überforderung offensichtlich wurde, die Kräfte des Geistes und des Körpers erlahmten. Da wurde schon das morgendliche Aufstehen zur Qual. Und wieder ein paar Wochen später schaffte ich auch das nicht mehr. Von da an existierte ich nur mehr unter meiner Bettdecke versteckt. Von da an war ich vom Leben ausgeschlossen.

Heute, aus der Rückschau, nenne ich diesen Zustand »eingefroren«. Ich einer noch funktionierenden Körperhülle war mein Inneres – mein Geist, meine Gefühle, meine Sinne, meine Seele – auf Eis gelegt. Ich *hielt* mich für innerlich tot und abgestorben, aber ich *war* es nicht. Sie stellte sich nur scheintot, meine Seele. Ich den langen Klinikmonaten wurde das Eis zum Schmelzen gebracht. Ich bin wieder »aufgetaut«. Aufgetaut zu einem neuen Leben. Mit neuen Schwierigkeiten (durch einen Pflegefall in der Familie), aber auch mit neuen Erfolgen (durch mein Studium).

Ich hoffe auf die Zukunft, und ich glaube an mich, dank all der Helfer, die ich in meiner Krankheit gefunden habe. Sie haben mir das Leben zurückgegeben und mich gelehrt, zu leben und mich zu akzeptieren, so wie ich bin.

Nachwort des Psychiaters

Als Frau Bareiter erstmalig in der psychiatrischen Abteilung aufgenommen wurde, erschien sie mir als untersuchendem Arzt verzweifelt und innerlich sehr angespannt. Während des Gesprächs stand sie immer wieder vom Stuhl auf und mußte im Zimmer auf und ab gehen. Sie berichtete vor allem über Schlafstörungen, eine Appetitminderung, allgemeine Kraftlosigkeit und zunehmende Interesse- und Freudlosigkeit.

Im Verlauf des Gesprächs stellte sich heraus, daß sie sich morgens am schlechtesten fühlte, gegen Abend besserte sich ihr Befinden etwas. Jegliche Hoffnung auf eine Besserung ihres augenblicklichen Zustandes schien sie aufgegeben zu haben, auf Nachfragen berichtete sie auch über lebensmüde Gedanken. Ein Weiterleben erschien ihr unter solchen Umständen nicht wünschenswert.

Als Gründe für ihr schlechtes Befinden nannte sie in erster Linie Schwierigkeiten in der Partnerschaft und berufliche Enttäuschungen, welche sich in letzter Zeit gehäuft hätten.

Für mich ergab sich nach ausführlichem Gespräch und der körperlichen Untersuchung, welche keinen krankhaften Befund ergab, der Verdacht auf eine schwere depressive Erkrankung. Eine sichere Aussage, um welche Art von Depression es sich handelte, war allerdings nicht möglich.

Was ist überhaupt eine Depression?

In der Alltagssprache ist Depression ein Modewort geworden und steht oft für Unlust, Mißbefinden, Initiativelosigkeit usw. Die Stimmung ist gedrückt, oft wird über körperliche Abgeschlagenheit und Mattigkeit geklagt. Nicht jede solche gedrückte Stimmung ist eine »Depression«. Jedermann wird bestätigen, daß er solche Stimmungslagen aus eigener Erfahrung kennt. Erst wenn die gedrückte Stimmung und die sie begleitenden Phänomene über längere Zeit anhalten oder die Beschwerden sehr ausgeprägt sind, besteht der Verdacht auf eine sich entwickelnde Krankheit – eine Depression.

Allerdings ist die Abgrenzung zwischen einem »normalen« Verstimmungszustand und einer depressiven Erkrankung in der Praxis oft sehr schwierig und nur einem auf diesem Gebiet erfahrenen Diagnostiker möglich.

Depressive Symptome

In der Regel ist eine Depression durch das Vorhandensein mehrerer der folgenden Symptome gekennzeichnet:

ein Gefühl der Niedergeschlagenheit, des Gefesseltseins, Erdrücktwerdens;

Denken und Fühlen werden als eingeschränkt erlebt;

Resignation, Apathie, Angst und innere Unruhe herrschen vor;

frühere Interessen werden nicht mehr wahrgenommen, es fehlt »Freude«;

bei schweren Erkrankungen empfinden die Patienten »innere Leere«, sogar Trauer ist nicht mehr möglich.

Die eingeschränkte Leistungsfähigkeit wird als eigenes schuldhaftes Versagen erlebt, Minderwertigkeitsgefühle und Hoffnungslosigkeit gehen damit einher. Oft kreisen die Gedanken immer um dieselben Themen, darüber entsteht Grübelneigung bis zum Grübelzwang.

Die Antriebsarmut kann zur Vernachlässigung von Kleidung und Körperpflege führen.

Häufig sind Schlafstörungen, Appetitminderung, Verstopfung. Die sexuellen Bedürfnisse und die Erlebnisfähigkeit nehmen ab oder verschwinden ganz.

In vielen Fällen besteht eine ausgeprägte Tagesschwankung, z. B. ein Morgentief mit Störung des Gesamtbefindens, welches sich dann im Lauf des Tages oder gegen Abend bessert.

Oft werden körperliche Symptome, wie z. B. Kopfschmerzen, Herzbeschwerden, Völlegefühl im Magen-Darm-Bereich usw. beklagt, für die sich keine organische Ursache finden läßt.

Das Gesamtverhalten kann entweder gehemmt oder auch agitiert sein. Im ersteren Fall zeigt sich der/die Betroffene eher still, initiativlos, wirkt insgesamt eher hilf- und ratlos. Im letzteren Fall ist der/die Betroffene sehr unruhig, getrieben, klagt wortreich oder vermittelt durch die motorische Unruhe »innere Not«. Er/Sie steckt voller Spannung, kann nicht stillsitzen, ist meist nur schwer bei einem konkreten Gesprächsfaden zu halten.

Bei vielen Depressionen können die Hoffnungslosigkeit und das Gefühl der Sinnlosigkeit des eigenen Lebens zu lebensmüden Gedanken im Sinne passiver Todeswünsche (z. B. zu dem Wunsch, morgens nicht mehr aufzuwachen) oder auch zu Selbsttötungsphantasien und im Extremfall zu aktiven Selbsttötungshandlungen führen.

Nach heutigen Erkenntnissen erkranken ca. 10–15 % der Gesamtbevölkerung im Lauf ihres Lebens an einer Depression.

Für die Entstehung wird ein multifaktorielles Ursachengefüge angenommen, wobei je nach Vorhandensein und/oder Überwiegen bestimmter Merkmale eher von einer *neurotischen*, einer *reaktiven* oder einer *endogenen* Depression gesprochen wird. Vor allem neurotische und reaktive Depressionen lassen sich oft nur sehr schwer voneinander abgrenzen und werden vielfach unter dem Begriff *»psychogene Depressionen«* zusammengefaßt.

a) Die neurotische Depression

Die aktuellen Probleme erwachsen aus einer »Störung der Persönlichkeitsentwicklung«. Eine in früher Kindheit oder Jugend entstandene seelische Entwicklungsstörung tritt dann mit Symptomen einer depressiven Verstimmung in Erscheinung, wenn später als wiederkehrende Auslöser z. B. Liebesverlust oder Trennung erfahren werden oder einzutreten drohen.

Über die Entstehung dieser Störungen der Entwicklung der Persönlichkeit gibt es verschiedene wissenschaftliche Erklärungsmodelle, auf die hier nicht ausführlich eingegangen werden kann.

Aus *tiefenpsychologischer* Sicht liegen die Störungsansätze meist in der »oralen« (1. Lebensjahr), seltener auch in der »analen« (2. bis 3. Lebensjahr) Phase. Inadäquate Verwöhnung und Versagung kommen – vereinfacht ausgedrückt – als grundsätzliche Störungsfaktoren in Betracht.

Woran krankt der neurotisch depressive Mensch? Er kann im richtigen Augenblick nicht »zugreifen«. Durch die Projektion verdrängter Wünsche auf die Umwelt bekommt diese einen subjektiv-fordernden Charakter: »Die Arbeit frißt mich auf.«

»Aufopferung für andere« kann zur einzig selbstbestätigenden Lebensaufgabe werden, bei deren Verlust (z. B. Wegzug der Kinder, deretwegen man sich »aufgeopfert« hat) es zur akuten Depression kommt.

Oft wird der Rückzug in eine Wunschwelt angetreten mit ausgedehnten illusionären Tagträumereien usw. Aggressive Strebungen werden aufgrund rigoroser Über-Ich-Forderungen *nicht* nach außen, sondern gegen die eigene Person (richtiger: gegen das Introjekt = verinnerlichte und dadurch umgeformte Objekt-Repräsentanz ehemaliger Bezugspersonen) gerichtet.

Der neurotisch-Depressive ist zu sehr ausgerichtet auf »Geliebtwerden« durch den, »für den man soviel tut«, und bleibt so letztlich unfrei und oft von allen Partnern enttäuscht, erlebt sich daran aber immer wieder selbst als enttäuschend und nicht liebenswert – somit lebensunwert.

Aus *verhaltenstheoretischer* Sicht ist es vor allem der Verlust von Verstärkung (»Verstärkung« kann bestehen in Lob, Zuwendung, Anerkennung; in der Möglichkeit, seine wichtigen Bedürfnisse zu befriedigen; in den Erfahrungen, die das Gefühl vermitteln, wichtig, wertvoll zu sein) und damit der Verlust des Selbstwertgefühls, der zur Depression führt.

Wichtige menschliche Verhaltensweisen werden durch Erfolg verstärkt, bei Mißerfolg unterbleiben nach einer gewissen Zeit diese Verhaltensweisen.

Wenn die Anpassungsfähigkeit eines Menschen z. B. durch einen plötzlichen unerwarteten Verlust (etwa Verlust des Partners, des Arbeitsplatzes usw.) überfordert wird, kann es zu einer massiven Beeinträchtigung derjenigen Verhaltensweisen kommen, die der Befriedigung der biologischen und sozialen Bedürfnisse dienen, es kommt zur Depression.

Der *kognitive* Ansatz sieht im negativ verzerrten Denken das Hauptmerkmal der Depression und attestiert diesem eine zentrale Rolle hinsichtlich Entstehung und Aufrechterhaltung der depressiven Symptomatik. Diese negativ verzerrten Gedanken (z. B. Unwertgefühl trotz objektiven Erfolgs) treten unwillkürlich reflexhaft, also quasi automatisch auf und werden erst dann bewußt wahrgenommen, wenn durch systematische Selbstbeobachtung die Aufmerksamkeit auf diese Prozesse gelenkt wird.

Die durch die automatischen Gedanken verzerrte Wahrnehmung und Bewertung von Situationen kann die Meisterung der jeweiligen Situation beeinträchtigen und eine depressive Stimmung hervorrufen.

b) Die reaktive Depression

In der Regel tritt eine reaktive Depression nach einschneidenden Veränderungen der Lebensverhältnisse auf. Meist liegen Verlusterlebnisse zugrunde, die die bisherige Geborgenheit und Sicherheit der individuellen Lebenssituation beeinträchtigen. Aber nicht das äußere Ereignis an sich ist entscheidend für die Entstehung einer reaktiven Depression, sondern die Art und Weise, *wie* die Betroffenen auf dieses Ereignis reagieren.

Typischerweise können die Erkrankten den Grund ihrer Verstimmung nennen, diese Problematik beherrscht oft das gesamte Denken und Erleben. Im Gegensatz zur neurotischen Depression muß hier also nicht eine habituelle psychische »Störung der Persönlichkeitsentwicklung« zugrunde liegen.

c) Die endogene Depression

Heute geht man davon aus, daß für endogene Depressionen ein Zusammenwirken verschiedener Ursachen verantwortlich ist, wobei genetische Prädispositionen und biochemische

Faktoren eine besondere Rolle spielen. Das Lebenszeitrisiko (Wahrscheinlichkeit, mit der ein Individuum während seines Lebens erkrankt) für diese Depression liegt bei etwa 1 % der Gesamtbevölkerung.

Der größte Teil der Erkrankungen beginnt im 3. oder 4. Lebensjahrzehnt, ein zweiter Häufigkeitsgipfel liegt zwischen dem 50. und 60. Lebensjahr. Frauen erkranken häufiger als Männer.

Charakteristisch ist ein Verlauf in jeweils relativ deutlich abgesetzten Krankheitsphasen, wobei es zu einmaligen oder wiederholten Phasen kommen kann. Die einzelne depressive Phase (auch »melancholische« Phase genannt) erstreckt sich in den meisten Fällen über sechs bis neun Monate.

Die Unterschiede in den einzelnen Fällen sind allerdings groß, sie liegen zwischen einigen Tagen und mehreren Jahren. Die Länge des Intervalls zwischen zwei Phasen ist wie die Phasendauer sehr variabel, sie kann zwischen einigen Tagen und mehreren Jahrzehnten betragen. Sichere prognostische Aussagen sind im einzelnen Fall nicht möglich.

Im allgemeinen kommt es nicht zu bleibenden Krankheitserscheinungen nach Abklingen der einzelnen Phasen.

In den Familien von Patienten mit endogenen Depressionen finden sich mehr gleichartig Erkrankte, als der Erkrankungswahrscheinlichkeit in der Durchschnittsbevölkerung entspricht. Die Wahrscheinlichkeit, an einer endogenen Depression zu erkranken, ist in den betroffenen Familien ca. 10- bis 15mal höher als in der übrigen Bevölkerung.

Aus den Ergebnissen der genetischen Untersuchungen kann bisher geschlossen werden: Bei endogenen Depressionen ist ein Erbfaktor wirksam, er kann jedoch die Entstehung der Krankheit nicht vollständig erklären.

Die Phasen treten vorwiegend spontan (d. h. ohne äußeren Anlaß) auf, können aber auch durch körperliche oder seelische Belastungen (vor allem spannungsreiche Konflikte und Insuffizienz-Erfahrungen, Verluste entscheidender Bezugspersonen) ausgelöst werden.

Es wird vermutet, daß die genetische Anlage eine individuell unterschiedliche Penetranz aufweist, so daß bei einem Kranken mit geringerer anlagemäßiger Penetranz äußere Faktoren hinzutreten müssen, damit es zur Ausbildung einer depressiven Phase kommt.

Bei solchermaßen disponierten Menschen sollen sich (auch in krankheitsfreien Zeiten) bestimmte Persönlichkeitsmerkmale besonders häufig finden: Sie sind festgelegt auf ausgeprägte Ordentlichkeit und Gewissenhaftigkeit, bei hohem Leistungsanspruch an die eigene Person. (Gefahr der Entstehung eines »perniziösen Zirkels« von Umfang und Genauigkeit des Leistens und Zurückbleiben des Melancholischen hinter den Forderungen an die eigene Leistungskraft.)

Die depressive Symptomatik ist typischerweise gekennzeichnet durch Schlafstörungen (vor allem Durchschlafstörungen mit morgendlichem Früherwachen), Energieverlust, Appetitminderung (zum Teil mit deutlicher Gewichtsabnahme), ein Morgentief und Vitalsymptome (Störungen der Vital-Befindlichkeit, z. B. Druckgefühl auf der Brust, zugeschnürter Hals usw.). Das Gefühlsleben ist durch Versteinerung und Leere gekennzeichnet. Bei sehr schweren Erkrankungen besteht oftmals keine Krankheitseinsicht, sondern der Zustand wird als Folge von persönlichem Versagen und Schuld erlebt. Dies kann sich bis zum melancholischen Verschuldungs- oder Versündigungswahn steigern.

Bei etwa einem Viertel der endogen Depressiven können neben den depressiven auch manische Phasen (gekennzeichnet vor allem durch eine ausgeprägte Steigerung des Antriebs) vorkommen.

Bezüglich der Unterscheidung der genannten drei Depressionsformen voneinander ist zu sagen, daß dies in der Praxis nicht immer sicher möglich ist. Grundsätzlich kann jedes depressive Symptom bei jeder der genannten Depressionsarten auftreten. Zwar gibt es eine Reihe von Symptomen, welche mehr für die eine oder die andere Form charakteristisch sind, doch steht den sogenannten »typischen Ausprägungen« eine große Zahl von weniger prägnanten Formen gegenüber.

Auch gibt es endogene Depressionen, bei denen die einzelnen Phasen nicht sicher abgrenzbar sind.

Im einzelnen muß die Unterscheidung dem dafür speziell ausgebildeten Therapeuten vorbehalten bleiben, und in einigen Fällen wird eine sichere Einordnung zu einer der genannten Gruppen erst nach langjähriger Verlaufsbeobachtung oder gar nicht möglich sein. Auch an ein gleichzeitiges Vorkommen verschiedener Krankheitsfaktoren ist zu denken.

Wichtiger als diese Einstufung ist in der Praxis jedoch das Bedenken aller in Frage kommenden Möglichkeiten und ein wiederholtes Hinterfragen der einmal gestellten Diagnose, um sich nicht therapeutische Möglichkeiten zu verschließen.

Diese klassische Kategorisierung wird heute außerdem zunehmend ersetzt durch mehr beschreibende Definitionen unter Verzicht auf Entstehungshypothesen.

Darüber hinaus können depressive Symptome außer bei den bereits erwähnten Formen von Depressionen auch bei einer Reihe anderer psychischer Erkrankungen (z. B. bei Persönlichkeitsstörungen, bei Eßstörungen usw.) und bei zahlreichen organischen Erkrankungen (z. B. bei Störungen des Schilddrüsenstoffwechsels) auftreten. Eine sorgfältige medizinisch-körperliche Untersuchung ist deshalb unentbehrlich.

Therapie-Möglichkeiten

Medikamentöse Therapie:
An erster Stelle bei der medikamentösen Behandlung von Depressionen stehen heute die sogenannten »Antidepressiva«. Seit ihrer Entdeckung 1957 wurden sie ständig weiterentwickelt und verbessert. Heute gibt es eine ganze Reihe ähnlicher Medikamente, die dieser Gruppe zuzuordnen sind. Sie bewirken bei längerer und regelmäßiger Einnahme eine Stimmungsaufhellung (haben aber keine euphorisierende Wirkung auf Gesunde, wie z. B. Drogen) und zunehmendes Verschwinden der depressiven Symptome.

Ihr großer Vorteil liegt auch darin, daß sie keine körperliche oder psychische Abhängigkeit erzeugen, also nicht »süchtig« machen. Allerdings sind sie nicht frei von Nebenwirkungen, weshalb die Einnahme unbedingt unter ärztlicher Kontrolle erfolgen muß.

Bei schweren Depressionen stellen sie neben der psychotherapeutischen Führung vor allem zu Beginn der Behandlung das Kernstück der Therapie dar, bei leichteren psychogenen Depressionen stehen psychotherapeutische Verfahren (im engeren und weiteren Sinn unter Einschluß sozialer Interventionen) im Vordergrund. Es ist heute gerechtfertigt, auch bei psychogenen Depressionen Antidepressiva im Rahmen eines Gesamtbehandlungsplanes einzusetzen, da sie bei einer mehr oder minder großen Zahl dieser Fälle durchaus bereits für sich wirksam sind und da die zusätzliche Anwendung von Antidepressiva neben dem psychotherapeutischen Vorgehen die Behandlungsresultate deutlich verbessern kann.

Zusätzlich zu den Antidepressiva kann bei sehr schweren oder agitierten Depressionen und zu Beginn der Therapie auch die Gabe von niederpotenten Neuroleptika (mit sedierender Wirkung) oder z. B. bei sehr starker Angst-Symptomatik oder quälenden Suizid-Gedanken die Gabe von Tranquilizern erforderlich sein. Tranquilizer bringen die Gefahr der Sucht-Entwicklung mit sich und sollten deshalb sobald wie möglich wieder abgesetzt werden. Auf keinen Fall sollen Depressionen über längere Zeit ausschließlich mit Tranquilizern behandelt werden.

Bei häufig auftretenden Phasen im Rahmen endogener Depressionen läßt sich oft durch die Gabe prophylaktisch wirksamer Medikamente, wie z. B. Lithium, ein deutlicher Erfolg erzielen.

Psychotherapeutische Verfahren:
Sie bilden die Grundlage der Behandlung bei den psychogenen Depressionen, einzelne Verfahren können aber auch bei endogenen Depressionen durchaus sinnvoll eingesetzt werden, wie überhaupt die Behandlung der endogenen Depres-

sion mit Antidepressiva durch eine Psychotherapie im weiteren Sinne ergänzt werden sollte.

Es gibt keine für alle Depressionen spezifische »kausale« Psychotherapie. Als therapeutisches Basisverhalten ist eine Vorgehensweise erforderlich, bei der es auf Geduld, Verständnis und Bestimmtheit ankommt. Daneben wurden einige speziellere Psychotherapieverfahren zur Behandlung von Depressionen (Psychotherapie im engeren Sinne) entwickelt, von denen die größte Bedeutung den tiefenpsychologisch orientierten und den kognitiv-verhaltenstherapeutischen Behandlungsansätzen zukommt.

Auch bei psychogenen Depressionen mit schwerer depressiver Symptomatik kann es sinnvoll sein, die Behandlung zu Beginn vor allem mit Antidepressiva durchzuführen und erst bei Besserung der depressiven Verstimmung psychotherapeutische Maßnahmen im engeren Sinne einzusetzen.

Bei *tiefenpsychologisch* orientierter Therapie sollen verdrängte Erlebnisse von Versagung und Enttäuschung in das aktuelle Bewußtsein zurückgeführt und einer adäquaten Bearbeitung zugänglich gemacht werden. Neben der Methode der in der Regel mehrere Jahre dauernden Psychoanalyse sind auch psychoanalytische Kurztherapien und psychoanalytische Gruppentherapien möglich. Hauptanwendungsbereich ist die neurotische Depression.

Eine Indikation zu diesen Verfahren ergibt sich in erster Linie bei Vorhandensein deutlicher neurotischer Persönlichkeitszüge, die Durchführung sollte vor allem im symptomfreien bzw. im symptomarmen Intervall erfolgen.

Kognitiv-verhaltenstherapeutische Ansätze haben zum Ziel, dem Patienten erneut Zugang zu verstärkenden Erfahrungen zu ermöglichen. Dazu werden behutsam Aktivitäten wieder aufgebaut, die dem individuellen krankheitsbedingten Leistungsniveau bestmöglich entsprechen müssen. Sodann wird versucht, durch Anleitung zum systematischen Selbstbeobachten das Auftreten sogenannter »automatischer Gedanken« (negativ verzerrte Wahrnehmung und Bewertung von Situationen bei Depressionen) bewußt wahrzunehmen. Das

Ziel liegt darin, eine neue kognitive Bewertung der Situation zu erreichen, d. h. die Situation kognitiv umzustrukturieren, so daß die nachfolgende Beeinträchtigung auf der Gefühls- und Verhaltensebene unterbleibt.

Hauptanwendungsbereiche sind reaktive und neurotische Depressionen, aber auch zu Chronifizierung neigende langdauernde endogene Depressionen.

Neben den erwähnten Methoden gibt es noch eine Reihe anderer Möglichkeiten zur Behandlung von Depressionen, auf die hier nicht näher eingegangen werden kann. Erwähnt seien noch *Schlafentzug* (hierbei verzichtet der Patient bewußt für eine ganze oder eine halbe Nacht – zweite Nachthälfte – auf Schlaf, was oft zu einer stimmungsaufhellenden Wirkung von unterschiedlicher Dauer führt) und *Elektrokrampftherapie*. Diese kann z. B. bei schweren, langdauernden endogenen Depressionen, bei denen durch die anderen Behandlungen keine Besserung erzielt werden konnte, eingesetzt werden.

Ob eine Therapie bei Depressionen stationär oder ambulant durchgeführt werden sollte, hängt vor allem von der Schwere der Erkrankung und von der Suizidgefahr ab.

Insgesamt ist zu betonen, daß es heute sehr wirksame Behandlungsmöglichkeiten für depressive Erkrankungen gibt, so daß dem weitaus überwiegenden Teil der Betroffenen effektive Hilfe zuteil werden kann.

Im Fall von Frau Bareiter war wegen der Schwere der depressiven Erkrankung eine stationäre Aufnahme sicherlich indiziert. Eine Therapie mit Antidepressiva wurde begonnen, wegen der ausgeprägten Agitiertheit und den massiven Angstgefühlen wurden vorübergehend auch niederpotente Neuroleptika und Tranquilizer gegeben.

Eine psychotherapeutische Behandlung im engeren Sinn war zu Beginn des stationären Aufenthalts in keiner Weise möglich, da die Patientin zu tief verstimmt und in ihrer Konzentrationsfähigkeit zu sehr beeinträchtigt war. Erst nach deutlicher Besserung der Symptome durch die antidepressive Medikation konnten die von ihr geschilderten Problembe-

reiche wie Partnerschaft und berufliche Enttäuschungserleb-
nisse im Gespräch gezielter untersucht werden.

Da sich eine Reihe von teils aktuellen, teils lebensgeschicht-
lich länger zurückliegenden Problembereichen ergab, welche
für die Entstehung einer Depression als bedeutsam erschie-
nen, wurde Frau Bareiter eine kognitiv-verhaltenstherapeutische Behandlung auf einer dafür spezialisierten Station mit
entsprechend ausgebildetem Personal (Depressionsstation)
angeboten und begonnen.

Da es ihr aber bezüglich der depressiven Symptomatik bereits
bald deutlich besser ging, wollte sie zum jetzigen Zeitpunkt
einen längeren stationären Aufenthalt nicht in Kauf nehmen
und entschloß sich zu dem Versuch, eine ambulante Behandlung zu beginnen (Frühjahr 1987).

Einige Monate später erkrankte Frau Bareiter erneut und
mußte wieder stationär aufgenommen werden. Ihr Befinden
war dem bei der ersten Aufnahme ähnlich, der Einsatz von
Medikamenten war erneut erforderlich. Nach Besserung der
Symptomatik wurde nun die bereits während des ersten Aufenthalts geplante kognitiv-verhaltenstherapeutische Behandlung in Einzel- und Gruppensitzungen durchgeführt, außerdem nahm Frau Bareiter an der Sport-, Beschäftigungs- und
Musiktherapie teil, wie auch an einem Entspannungstraining
(progressive Muskelentspannung nach Jacobsen). Wiederholte Schlafentzüge brachten zusätzlich einen positiven Effekt.

Der Schwerpunkt lag bei ihr auf dem Besprechen und Finden
neuer befriedigender Verstärkungsmöglichkeiten und dem
Bewußtmachen einer Reihe von depressogenen Grundannah-
men (automatischen Gedanken).

Die Therapie zeigte gute Erfolge, Frau Bareiter konnte nach
mehrmonatiger Behandlung nach Überwinden der Depression in stabilem Zustand wieder aus der Klinik entlassen werden (Ende 1987).

In den folgenden Jahren kam es noch einige Male zum Auftreten depressiver Symptome, welche jedoch nicht die Schwere
erreichten wie bei den ersten beiden stationären Aufnahmen.

Auch gelang es, die Depressionen zum Teil ambulant abzufangen oder durch eine nur kurze stationäre Krisenintervention zu beseitigen. Hierbei konnte auf die kognitiven Therapieerkenntnisse während der früheren stationären Behandlungen zurückgegriffen werden; einzelne Schwerpunkte gelang es noch zu vertiefen.

Dr. Franz D., Arzt für Psychiatrie
und Psychotherapie, Juni 1991

Die Frau in der Gesellschaft

Joëlle Augerolles
Mein Analytiker
und ich
Tagebuch einer
verhängnisvollen
Beziehung. Band 10401

Monika Beckerle
Depression:
Leben mit dem
Gesicht zur Wand
Erfahrungen
von Frauen
Band 4726

Dagmar Bielstein
Von verrückten
Frauen
Notizen aus
der Psychiatrie
Band 10261

Ingeborg Bruns
Als Vater aus dem
Krieg heimkehrte
Töchter erinnern sich
Band 10300

Gaby Franger
Wir haben es uns
anders vorgestellt
Türkische Frauen
in der Bundesrepublik
Band 3753

Gisela Friedrichsen
Abtreibung
Der Kreuzzug
von Memmingen
Band 10625

Maria Frisé
Auskünfte über
das Leben zu zweit
Band 3758

Dietrich Gronau /
Anita Jagota
Über alle Grenzen
verliebt
Beziehungen zwischen
deutschen Frauen
und Ausländern
Band 10148

Imme de Haen
»Aber die Jüngste war
die Allerschönste«
Schwesternerfahrungen
und weibliche Rolle
Band 3744

Helga Häsing
Mutter hat
einen Freund
Alleinerziehende
Frauen berichten
Band 3742

Irma Hildebrandt/
Eva Zeller (Hg.)
Das Kind, in dem
ich stak
Gedichte und
Geschichten über die
Kindheit. Band 10429

Katharina Höcker
Durststrecken
Zwischen Abhängigkeit
und Alkohol
Frauen und Alkohol
Band 4717

Fischer Taschenbuch Verlag

fi 404 / 10a

Die Frau in der Gesellschaft

H. Jansen (Hg.)
**Freundschaft über
sieben Jahrzehnte**
Rundbriefe
deutscher Lehrerinnen
1899–1968
Band 10635

Helena Klostermann
**Alter als
Herausforderung**
Frauen über sechzig
erzählen
Band 3751

Katja Leyrer
**Hilfe! Mein Sohn
wird ein Macker**
Band 4748

Christina Mei /
Gudrun Reinke
**Jenseits von Mond
und Mitternacht**
Frauen sprechen
über Liebe
Band 3739

Marianne Meinhold /
Andrea Kunsemüller
**Von der Lust
am Älterwerden**
Frauen nach der midlife
crisis. Band 3702

Jutta Menschik
Ein Stück von mir
Mütter erzählen
Band 3756

Renate Möhrmann /
Natascha
Würzbach (Hg.)
**Krankheit als
Lebenserfahrung**
Berichte von Frauen
Band 4707

Kristel Neidhart
Er ist jünger – na und?
Protokolle. Band 4741

Ines Rieder /
Patricia Ruppelt (Hg.)
**Frauen sprechen
über Aids**
Band 10033

Erika Schilling
**Manchmal hasse
ich meine Mutter**
Gespräche mit Frauen
Band 3749

Marianne
Schmitt (Hg.)
Fliegende Hitze
Band 3703

Leona Siebenschön
Der achte Himmel
Wie Ehen gelingen
Band 10307

Irmgard Weyrather
**»Ich bin noch
aus dem vorigen
Jahrhundert«**
Frauenleben zwischen
Kaiserreich und
Wirtschaftswunder
Band 3763

Fischer Taschenbuch Verlag

fi 404 / 4 b

Die Frau in der Gesellschaft

Gerhard Amendt
Die bevormundete Frau
oder Die Macht der
Frauenärzte
Band 3769

Dagmar Bielstein
Von verrückten Frauen
Notizen aus der
Psychiatrie
Band 10261

Margrit Brückner
Die Liebe der Frauen
Über Weiblichkeit
und Mißhandlung
Band 4708

Colette Dowling
Der Cinderella-Komplex
Die heimliche Angst
der Frauen vor der
Unabhängigkeit
Band 3068
Perfekte Frauen
Die Flucht in
die Selbstdarstellung
Band 11190

Uta Enders-Dragässer /
Claudia Fuchs (Hg.)
Frauensache Schule
Aus dem deutschen
Schulalltag: Erfahrungen,
Analysen, Alternativen
Band 4733

Marianne Grabrucker
»Typisch Mädchen …«
Prägung in den ersten
drei Lebensjahren
Band 3770
Vom Abenteuer
der Geburt
Die letzten Land-
hebammen erzählen
Band 4746

Michaela Huber /
Inge Rehling
Dein ist mein
halbes Herz
Was Freundinnen
einander bedeuten
Band 4727

Helge Kotthoff (Hg.)
Das Gelächter
der Geschlechter
Band 4709

Ellen Kuzwayo
Mein Leben
Frauen gegen
Apartheid
Band 4720

Katja Leyrer
Hilfe! Mein Sohn
wird ein Macker
Band 4748

Marlene Lohner (Hg.)
Was willst du,
du lebst
Trauer und Selbstfindung
in Texten von
Marie Luise Kaschnitz
Band 10728

Fischer Taschenbuch Verlag

Die Frau in der Gesellschaft

Elsbeth Meyer /
Susanne v. Paczensky /
Renate Sadrozinski
»Das hätte nicht noch
mal passieren dürfen!«
Wiederholte Schwanger-
schaftsabbrüche und
was dahintersteckt
Band 4755

Ursula Scheu
Wir werden nicht als
Mädchen geboren – wir
werden dazu gemacht
Zur frühkindlichen
Erziehung in unserer
Gesellschaft
Band 1857

Eva Schindele
Gläserne Gebär-Mütter
Vorgeburtliche
Diagnostik –
Fluch oder Segen
Band 4759

Alice Schwarzer
Der »kleine« Unter-
schied und seine
großen Folgen
Frauen über sich –
Beginn einer Befreiung
Band 1805

Warum gerade sie?
Weibliche Rebellen
Begegnungen mit
berühmten Frauen
Band 10838

Lynne Segal
Ist die Zukunft
weiblich?
Probleme des
Feminismus heute
Band 4725

Miriam Tlali
Soweto Stories
Mit einer Einleitung
von Lauretta Ngcobo
Band 10558

Senta Trömel-Plötz
Frauensprache –
Sprache der
Veränderung
Band 3725

Senta Trömel-
Plötz (Hg.)
Gewalt durch Sprache
Die Vergewaltigung von
Frauen in Gesprächen
Band 3745

Hedi Wyss
Das rosarote
Mädchenbuch
Ermutigung zu einem
neuen Bewußtsein
Band 1763

Ursula Ziebarth
Eine Frau aus Gold
Über das Zutrauen
zum Weiblichen
Band 10880

Fischer Taschenbuch Verlag

Die Frau in der Gesellschaft

Elisabeth
Beck-Gernsheim

Das halbierte Leben
Männerwelt Beruf –
Frauenwelt Familie
Band 3713

**Vom Geburtenrück-
gang zur Neuen
Mütterlichkeit?**
Band 3754

**Mutterwerden –
der Sprung in ein
anderes Leben**
Band 4731

Renate Berger (Hg.)
**Und ich sehe nichts,
nichts als die Malerei**
Autobiographische
Texte von
Künstlerinnen des
18.-20. Jahrhunderts
Band 3722

Gisela Breitling
Der verborgene Eros
Weiblichkeit und
Männlichkeit im Zerr-
spiegel der Künste
Band 4740

Gisela Breitling
**Die Spuren des Schiffs
in den Wellen**
Eine autobiographische
Suche nach den Frauen
in der Kunstgeschichte
Band 3780

Gisela
Brinker-Gabler (Hg.)
**Deutsche Dichterinnen
vom 16. Jahrhundert
bis zur Gegenwart**
Gedichte und Lebensläufe
Band 3701

Susan Brownmiller
Gegen unseren Willen
Vergewaltigung und
Männerherrschaft
Band 3712

Weiblichkeit
Band 4703

Eva Dane / Renate
Schmidt (Hg.)
**Frauen & Männer
und Pornographie**
Ansichten –
Absichten – Einsichten
Band 10149

Andrea Dworkin
Pornogaphie
Männer beherrschen
Frauen
Band 4730

Richard Fester /
Marie E.P. König /
Doris F. Jonas /
A. David Jonas
Weib und Macht
Fünf Millionen Jahre
Urgeschichte der Frau
Band 3716

Karin Flothmann /
Jochen Dilling
**Vergewaltigung:
Erfahrungen danach**
Band 3781

Sylvia Fraser
Meines Vaters Haus
Geschichte eines Inzests
Band 4751

Nancy Friday
**Wie meine Mutter
My Mother my self**
Band 3726

Fischer Taschenbuch Verlag

Die Frau in der Gesellschaft

Signe Hammer
Töchter und Mütter
Über die Schwierig-
keiten einer Beziehung
Band 3705

Nancy M. Henley
Körperstrategien
Geschlecht, Macht
und nonverbale
Kommunikation
Band 4716

Irmgard Hülsemann
Ihm zuliebe?
Abschied vom
weiblichen Gehorsam
Band 10407

H. Jansen (Hg.)
**Freundschaft über
sieben Jahrzehnte**
Rundbriefe deutscher
Lehrerinnen 1899–1968
Band 10635

Monika Jonas
**Behinderte Kinder –
behinderte Mütter?**
Die Unzumutbarkeit
einer sozial arrangierten
Abhängigkeit. Band 4756

Linda Leonard
Töchter und Väter
Heilung einer
verletzten Beziehung
Band 4745

Harriet Goldhor Lerner
Wohin mit meiner Wut?
Neue Beziehungsmuster
für Frauen. Band 4735

**Karen Lison /
Carol Poston**
**Weiterleben nach
dem Inzest**
Traumabewältigung
und Selbstheilung
Band 10422

Margarete Mitscherlich
Die friedfertige Frau
Eine psychoanalytische
Untersuchung zur
Aggression der
Geschlechter. Band 4702

**Penelope Shuttle /
Peter Redgrove**
**Die weise Wunde
Menstruation**
Band 3728

Uta van Steen
**Macht war mir
nie wichtig**
Gespräche mit
Journalistinnen
Band 4715

Ingrid Strobl
**»Sag nie, du gehst
den letzten Weg«**
Frauen im bewaffneten
Widerstand gegen den
Faschismus. Band 4752

Gerda Szepansky
**»Blitzmädel«,
»Heldenmutter«,
»Kriegerwitwe«**
Frauenleben im
Zweiten Weltkrieg
Band 3700

**Frauen leisten
Widerstand: 1933–1945**
Band 3741

**Hanne Tügel / Michael
Heilemann (Hg.)**
**Frauen verändern
Vergewaltiger**
Band 3795

Fischer Taschenbuch Verlag

Lebenskrisen · Lebenschancen

Ilse van Heyst
**Das Schlimmste war
die Angst**
*Geschichte einer
Krebserkrankung und
ihrer Heilung*
Fischer

Marlene Lohner
Plötzlich allein
*Frauen nach
dem Tod
des Partners*
Fischer

Nina Rempp
Schichtbarrieren
*Von den Verständigungs-
schwierigkeiten
in einer
Psychoanalyse*
Fischer

Ursula
Heilborn-Maurer/
Georg Maurer
Nach einem Suizid
*Gespräche mit
Zurückbleibenden*
Band 3250

Ilse van Heyst
**Das Schlimmste
war die Angst**
*Geschichte einer
Krebserkrankung
und ihrer Heilung*
Band 3902

Christine Hofmann
Stunden, die zählen
*Ein Kind findet
ein Zuhause*
Band 3296

Anne Karedig
**Zieh dich schon
mal aus, ich hol'
inzwischen den Stock**
*Versuch einer
Aufarbeitung*
Band 10382

Monika Knorr
Bauchschmerzen
*Von der Auflehnung
meines Körpers*
Band 10377

Ruth van Leeuwen
Rückkehr zur Offenheit
*Eine Frau lernt ihr
Leben wieder lieben*
Band 3271

Christiane Lenker
**Krebs kann auch
eine Chance sein**
*Zwischenbilanz oder
Antwort an Fritz Zorn*
Band 3288

Marlene Lohner
Plötzlich allein
*Frauen nach dem
Tod des Partners*
Band 3290

Mary MacCracken
**Charlie, Eric und das
ABC des Herzens**
*Außenseiter
im Klassenzimmer*
Band 3273

Mary MacCracken
Lovey
*Die Therapie eines
schwierigen Kindes*
Band 3274

Helene Merz
**Die verborgene
Wirklichkeit**
*Geschichte einer
Verstörung*
Band 3265

Hiltrud Minwegen
Mario
*Von der Sucht
zur Hoffnung*
Band 3282

Bertram Münker
**Schmerzlose
Entwicklung**
Ein Krebstagebuch
Band 3275

Elisabeth Opitz
Horch in das Dunkel
*Ein Bericht über
eine Depression*
Band 5193

Fischer Taschenbuch Verlag